Santo Antônio

maravilhasdedeus

- Santa Bakhita do Sudão – *Susan Helen Wallace*
- Santa Clara de Assis – *Paolo Padoan*
- Santo Antônio – *Eliana Bueno-Ribeiro*
- São Francisco de Assis – *Mary Emmanuel Alves*
- São Paulo – *Mary Lea Hill*

ELIANA BUENO-RIBEIRO

Santo Antônio

Dados Internacionais de Catalogação na Publicação (CIP)
(Câmara Brasileira do Livro, SP, Brasil)

Bueno-Ribeiro, Eliana
   Santo Antônio / Eliana Bueno-Ribeiro. – São Paulo : Paulinas, 2012. – (Coleção maravilhas de Deus)

   ISBN 978-85-356-3156-2

   1. Antonio, Santo, ca.1195-1231 2. Santos cristãos - Biografia I. Título. II. Série.

12-05009   CDD-282.092

Índice para catálogo sistemático:
1. Santos : Igreja Católica : Biografia e obra   282.092

Direção-geral: *Bernadete Boff*
Editora responsável: *Andréia Schweitzer*
Copidesque: *Ana Cecilia Mari*
Coordenadora de revisão: *Marina Mendonça*
Revisão: *Ruth Mitzuie Kluska*
Assistente de arte: *Ana Karina Rodrigues Caetano*
Gerente de produção: *Felício Calegaro Neto*
Projeto gráfico: *Telma Custódio*
Capa e diagramação: *Manuel Rebelato Miramontes*

1ª edição – 2012

Nenhuma parte desta obra pode ser reproduzida ou transmitida por qualquer forma e/ou quaisquer meios (eletrônico ou mecânico, incluindo fotocópia e gravação) ou arquivada em qualquer sistema ou banco de dados sem permissão escrita da Editora. Direitos reservados.

Paulinas
Rua Dona Inácia Uchoa, 62
04110-020 – São Paulo – SP (Brasil)
Tel.: (11) 2125-3500
http://www.paulinas.org.br
editora@paulinas.com.br
Telemarketing e SAC: 0800-7010081
© Pia Sociedade Filhas de São Paulo – São Paulo, 2012

À memória de Maria do Rosário Bueno Ribeiro,
explicadora de milagres,
e Izabel Ferreira Paula, devota de Santo Antônio.
À memória de Ronaldo Graça, por toda a minha vida.

Para Cecília Lage e Jorge Eduardo Figueiredo,
Juca, Maria do Rosário e Antonio,
Ana Lucena e AloysioGraça.
Também para Elizabeth Robert, Cécile Trantoul,
Véronique, Odile et Yvette, Sœurs de Saint François d'Assise.

E para José Arrabal.

A vida é um milagre.
Cada flor,
Com sua forma, sua cor, seu aroma,
Cada flor é um milagre.
Cada pássaro,
Com sua plumagem, seu voo, seu canto,
Cada pássaro é um milagre.
O espaço, infinito. O espaço é um milagre.
A memória é um milagre.
A consciência é um milagre.
Tudo é milagre.
Tudo, menos a morte.
– Bendita a morte, que é o fim de todos os milagres.

                                      Manuel Bandeira

Sumário

1. O presente do padrinho 11
2. A história de uma vida 23
3. A imagem de Santo Antônio 87
4. Milagres de Santo Antônio 119
5. As ideias de Santo Antônio.
   Santo Antônio e a Virgem Maria 145
6. Santo Antônio de Portugal ao Brasil 155
7. Afinal, quem foi Santo Antônio? 175
Cronologia 183
Santo Antônio casamenteiro 187
Santo Antônio, o santo dos objetos perdidos 191
Santo Antônio, contra as tentações 193
Bibliografia 195
Sobre a autora 199

1
O presente do padrinho

No dia em que Antônio completou 14 anos, o padrinho Jorgedu veio jantar. Era um domingo, a comemoração seria no sábado seguinte, mas Jorgedu, Alessandra, sua mulher, e César, filho deles, sempre vinham jantar no dia exato do aniversário. Jorgedu era o que se podia chamar de "meio sistemático".

Depois da sobremesa, Das Dores, a mãe, estreou a cafeteira nova que fazia café em cima da mesa, a água quente subindo numa espécie de ampulheta invertida. E, em torno do brinquedinho novo, a conversa se animou. Das Dores era professora e João Firmino, seu marido, artista gráfico e formado em filosofia. Jorgedu, o compadre, era advogado especializado em direito imobiliário, tinha uma clientela internacional, era louco por ópera e ainda achava tempo para escrever peças de teatro. Alessandra, sua mulher, era atriz, sua secretária entre um espetáculo e outro e ainda encontrava horas vagas para bordar e fazer renda a mão, trabalho que aprendera recentemente com uma vizinha francesa. Eram amigos há muito tempo, desde que tinham chegado ao Rio para fazer faculdade. Do grupo fazia parte ainda o doutor José Gaudêncio, pesquisador das propriedades dos diferentes venenos dos ofídeos, que trabalhava na Universidade de São Paulo e viria no sábado seguinte comemorar o aniversário de Antônio. Jorgedu e João Firmino, Das Dores e Alessandra eram do Rio de Janeiro, eles de Campos dos Goytacazes, elas de Niterói. José Gaudêncio era de Mimoso do Sul, no Espírito Santo. Tinham não só muitas lembranças como muitos projetos comuns. E se encontravam ao menos uma vez por mês para pôr a conversa em dia, falar do projeto do momento – atualmente estavam escrevendo juntos uma história dos municípios do norte fluminense –, e isso sempre se dava no espaçoso apartamento da Gávea, de Das Dores e João Firmino. Da nova geração eram César, filho de Alessandra e Jorgedu, Maria e Antônio, filhos de Das Dores e João Firmino, e Frederico, filho de José Gaudêncio, que era viúvo. César preparava-se para prestar vestibular para engenharia, Maria estava no 1º ano do segundo grau e Antônio no 9º ano. Frederico já era médico em São Paulo e raramente ia ao Rio.

De repente, como num passe de mágica, o presente de Antônio surgiu sobre a mesa (bem Jorgedu!): uma caixa de uns dois palmos de altura.

Enquanto Antônio abria a caixa, todo mundo tentava adivinhar seu conteúdo:

– Leve demais pra uma garrafa de champanhe (Jorgedu tinha sempre umas ideias...), grande demais pra canetas (Antônio, que queria ser escritor, adorava canetas e tinha uma coleção delas, embora escrevesse no computador), estreita demais pra livros, alta demais pra CDs ou DVDs. Os presentes do padrinho Jorgedu contavam sempre uma história. O último tinha sido o exemplar de *A volta ao mundo em 80 dias*. Mais que a história de Júlio Verne, tinha agradado a Antônio a história do menino Jorgedu, que recebera o livro no longínquo Natal de seus 13 anos, de seu próprio padrinho.

Antônio tirou a folha de papel de seda que envolvia o presente dentro da caixa e de dentro do plástico bolha emergiu uma imagem (Jorgedu e seus presentes inesperados). Uma imagem de Santo Antônio: com uma das mãos o santo empunhava uma grande cruz; com a outra, segurava o Menino Jesus sentado sobre um grosso livro.

– Santo Antônio para nosso Antônio – brincou o padrinho. – Uma imagem que já foi benzida no Convento de Santo Antônio, no Largo da Carioca.

Todos olharam para a bela imagem no meio da confusão de plástico bolha, fita adesiva, papel de seda e papel de presente. A túnica de Santo Antônio tinha toques de dourado que realçavam sua cor marrom. Auréolas de prata brilhavam na cabeça do santo e na do Menino.

– Não se diz que uma imagem vale mais que mil palavras? – disse Jorgedu radiante com o efeito que seu presente produzia. – Pensei em dar a Antônio um livro sobre a vida de seu santo, que garanto ele ainda não conhece. Mas resolvi dar a imagem para ele mesmo procurar saber da história. Afinal, ô mãe, ô pai, vocês deram a seu filho o nome de Antônio e até hoje não lhe contaram a história de seu padroeiro?

– Epa, eu me chamo Antônio porque minha avó se chamava Antonieta – disse o principal interessado.

– E Dona Tieta se chamava Antonieta por causa de seu bisavô Antônio, caro amigo – respondeu Jorgedu. – Ou você pensa que era em homenagem àquela que perdeu o pescoço por causa de brioches? E assim voltamos a Santo Antônio. Você sabia que ele é o santo mais querido do Brasil?

– Isso eu sei – respondeu Antônio. – Mamãe já me disse que há mais de mil municípios no Brasil dedicados a ele.

– E isso porque, lógico, no Brasil, a Igreja e o Estado são separados... – ironizou Maria.

– Maria, não comece! – avisou o pai meio rindo, meio avisando mesmo.

– Sabemos também que Antônio é um dos nomes mais populares no Brasil – continuou Maria sem se intimidar. – É um nomezinho bem comunzinho mesmo – implicou baixando a voz.

– De fato é um nome muito prestigiado – cortou o pai, olhando sério para ela e abrindo bem os olhos para significar o fim das hostilidades veladas.

Alessandra se serviu de outra fatia da torta que tinha trazido e disse, cortando o clima que ameaçava ficar desagradável:

– É curioso que a gente se pegue tanto com Santo Antônio e saiba tão pouco a seu respeito, não é?

– Eu, por exemplo, não sei nada – disse César, rindo do alto de seus 17 anos e olhando para Maria. – Só sei que quando se perde alguma coisa lá em casa mamãe começa a pedir a Santo Antônio pra achar. Eu sou ateu.

— Também sou ateia — disse Maria, contente com o aliado —, e não me interesso por santo nenhum.

João Firmino decidiu assumir a direção da conversa:

— Muito bem, como parece que os ateus aqui presentes estão em minoria, peço que democraticamente se calem.

Jorgedu retomou a palavra:

— E os ateus aqui presentes deveriam justamente abrir os ouvidos pra história de Santo Antônio, que pode trazer-lhes muitas surpresas. É uma história de aventuras e de gosto pela aventura, uma história de lutas e de rupturas, uma história de autoinvenção. Uma história de juventude, enfim. De um jovem que mudou sua vida, inventou seu destino e reformou seu mundo. Santo Antônio foi tão prestigiado e querido em vida — e continua a ser tão prestigiado e querido — porque sua figura cristaliza justamente os anseios da juventude: vontade de saber, de lutar, de agir, de mudar o mundo, de superar-se. Foi uma figura de sucesso! E isso a partir de sua fé.

— Ai, lá vem meu pai com essa história de fé...! — zombou César.

— "Essa história de fé" é a base de qualquer ação, meu caro amigo — interveio João Firmino, apoiando o compadre. – Sem fé – continuou –, sem acreditar num valor maior que todos, ninguém faz nada de "extra" ordinário, entende? Nada além do ramerrão de todo dia. "Sem essa história de fé" seríamos todos alegres cachorrinhos, vivendo nossas vidas imutáveis de cachorrinhos, presos no círculo da vida material. E é um cara de 17 anos que vem me falar mal da fé?

– Santo Antônio tinha fé em Deus, acreditava que Deus estava no princípio e no fim de todas as coisas – acrescentou Alessandra. – Mas o sentimento de fé pode ser experimentado em diversas outras circunstâncias. Você pode, por exemplo, ter fé em algumas ideias e dedicar sua vida a espalhá-las e a implantá-las. Santo Antônio pôs-se a serviço de sua fé em Deus.

– Bem – retomou Jorgedu –, se a mocidade independente aí não acredita em Deus, pior pra ela.

– Não acredita a-in-da – comentou Das Dores. – Deixa eles... Se até Einstein, Pasteur e Françoise Dolto, a célebre psicanalista francesa, acreditavam... É essa garotada aí que quer fazer pose de ateia?

– O fato é que Santo Antônio tinha fé em Deus e força para viver sua fé – continuou o padrinho. – Convenhamos que não é pouca coisa. Além disso, conciliou muitos contrários: foi um homem de estudo e, ao mesmo tempo, um homem de ação, "de campo", como se diz hoje; tendo nascido entre ricos ou pelo menos entre não pobres, escolheu estar entre os pobres; foi um asceta, um homem que busca fugir do "barulho" do mundo para ouvir o essencial, e, ao mesmo tempo, participou ativamente desse mundo barulhento; foi um viajante, um comunicador, que falava para pessoas muito diferentes e as convencia daquilo de que, ele mesmo, estava convencido e, ao mesmo tempo, nunca saiu de seu lugar interior, de sua comunhão com Deus.

– Ele viveu em que época? – perguntou César já meio interessado.

– Na virada do século XII ao XIII – respondeu Jorgedu.

– Na Idade Média! E como você pode saber tanto a respeito dele? Há muitos documentos sobre ele? – perguntou Maria, fazendo pose de intelectual.

– De fato, falar sobre Santo Antônio não é fácil. Ele deixou três volumes de sermões, anotações sobre os salmos e sobre vidas de santos. Mas um sermão geralmente não é lido, e sim falado, feito para ser ouvido. Naquele tempo e dirigindo-se a pessoas muitas vezes iletradas, seus sermões deveriam ser mais simples que os textos escritos que ele deixou. Supõe-se, portanto, que esses textos deviam servir à preparação de suas homilias e que se destinavam a ajudar outros frades a preparar suas práticas.

— Práticas, homilias e sermões querem dizer a mesma coisa, vocês sabem, não é? — acrescentou Das Dores.

— Além disso — retomou Jorgedu —, ele não deixou escrito nada sobre sua própria vida, que está envolta em muitas versões e tem tradições nem sempre concordantes. Eis aí um problema que se tem de enfrentar, sobretudo sobre a primeira parte de sua vida. Sobre a segunda parte, a partir de suas viagens, há muitos testemunhos.

— Então sua história pode não ser verdadeira... — continuou Maria.

— A pessoa existiu, quanto a isso não há dúvidas — replicou o padrinho. — Seu pensamento está registrado nas anotações que deixou, em seus sermões. Mas, para se construir o caminho de seu pensamento, de suas decisões, de suas escolhas, é preciso deduções a partir dos documentos existentes, enfim, é preciso um pouco de imaginação.

— Você quer dizer que a história é um pouco "história", no sentido de invenção? —perguntou Maria entre provocativa e escandalizada.

— Exatamente, querida. É justamente isso que quero dizer — respondeu sorrindo Jorgedu (e, de repente, o provocativo era ele). Isso puxa um pouco o tapete de debaixo de nossos pés, não é mesmo? Pois é...

Das Dores interrompeu a discussão com uma pergunta indireta ao compadre:

– Mas então você dizia que Santo Antônio foi um comunicador.

– E um lutador – retomou Jorgedu. – Além de, dentro da Igreja, unir tradição e renovação, lutou por sua fé, não só contra os infiéis, os hereges ou os ateus... (e Jorgedu espichou o olho na direção de Maria e de César), mas também contra os maus cristãos, os membros da Igreja, que não viviam de acordo com o que pregavam e davam mau exemplo.

– A famosa questão "façam o que eu digo e não façam o que eu faço" – lembrou Maria.

– Isso mesmo – disse Jorgedu. – Não foi à toa que ele decidiu se integrar à ordem fundada por São Francisco de Assis. Aliás, embora eles tenham sido contemporâneos, muita gente não o associa a São Francisco e pensa até que ele fundou sua própria ordem.

– Meu professor de história disse que São Francisco foi o primeiro ecologista da história – comentou César.

– Exatamente. Na Idade Média ele soube ver o homem integrado à natureza – interveio Das Dores. – Mas voltemos a Santo Antônio!

– Mamãe quer transformar qualquer conversa em aula. Que coisa! – reclamou Maria. – Não se pode conversar, tudo tem de seguir uma ordem...

Joao Firmino interveio:

– Vamos deixar Jorgedu falar? Senão ele perde o fio da meada!

– Mas acho que já chega, Jorgedu! – opinou Alessandra. – Já falamos demais de Santo Antônio por hoje. Vamos mudar de assunto.

– Não, não! – pediu Maria. – Está muito interessante! Nunca tinha pensado em Santo Antônio dessa maneira. Nem em nenhum outro santo, aliás.

– Geralmente, só de ouvir a palavra "santo" já saio correndo – brincou César –, mas papai está tornando o assunto muito interessante. Aliás, isso é que é "extra" ordinário...

– É porque se trata de santo ANTÔNIO – interveio Antônio. – E Antônio sou eu! "And I'm a genius, genius, I believe in God/ And I believe that God believes in ANTÔNIO/ That's me!"[1] – cantarola.

– Desde que vimos *Hair* em DVD, ele não para de cantar essa musiquinha, trocando "Claude", o nome do personagem, por "Antônio"

....

[1] "Eu sou um gênio, um gênio/ Eu acredito em Deus/ E eu acredito que Deus acredita em Antônio/ Que sou EU!"

– explicou Maria a César. – É a crise da adolescência... Mas continua Jorgedu, vai!

Antônio continuou cantarolando e rindo baixinho. Das Dores serviu mais uma rodada de café e refrigerantes. Jorgedu estava visivelmente lisonjeado com o incentivo da plateia:

– Dentro do movimento que São Francisco criou na Igreja, Santo Antônio deixou sua marca. Mas não quero ficar aqui fazendo conferência num dia de aniversário. Se vocês quiserem mesmo conhecer essa história, passem no meu escritório amanhã às 6 da tarde para o primeiro capítulo. Se gostarem, marcaremos um segundo encontro.

– De quantos capítulos você precisa pra contar a história toda? – perguntou Maria.

– De uns cinco.

– Ah, começa agora... onde é que ele nasceu? – insistiu Maria.

– Isso até eu sei – respondeu Antônio. – Em Pádua, na Itália. Você nunca ouviu falar do município de Santo Antônio de Pádua, no extremo norte do estado do Rio de Janeiro? É só olhar no mapa...

– Aí é que você se engana, futuro escritor – interrompeu Jorgedu. – Santo Antônio não nasceu em Pádua. Mas não vou dizer mais nada agora. Aliás, vou: aceito mais um café.

2
A história de uma vida

Fernando de Bulhões

No dia seguinte, às 17h30, Maria, Antônio e César se encontraram na calçada da Rua México, em frente ao prédio n. 111, onde ficava o escritório. Para subir, tiveram de se anunciar ao recepcionista e assim, no 9º andar, Alessandra e Jorgedu já os esperavam com a porta aberta.

– Ora viva, Antônio e meus caros ateus! Que prazer recebê-los em minha humilde morada! – brincou o padrinho. – Que é que posso oferecer-lhes?

– Estão com fome? – perguntou Alessandra. – Tem refrigerante na geladeira e uns sanduichinhos na mesa da cozinha.

Quando todo mundo já estava acomodado nas confortáveis poltronas de couro da primeira sala – o escritório tinha três –, Jorgedu abriu um mapa sobre o tampo de vidro da mesa de reunião:

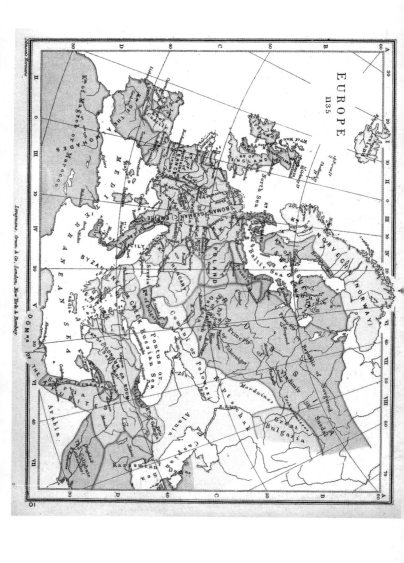

— Aqui está um mapa da Europa no século XII. Na cidade de Pádua, Santo Antonio passou a última parte de sua vida.

— Ele era italiano? — perguntou Antonio.

— Antônio, no século XII não havia ainda "italianos"! — interrompeu Maria. — Que coisa!

— Um momento, Maricota — interveio o padrinho. — A Itália como unidade política só foi de fato "construída", pela reunião de suas diferentes cidades, no século XIX. Assim, os "italianos", no sentido político do termo, só aparecem realmente nesse momento. Mas podia-se falar de Itália no sentido geográfico, para indicar uma região de "italianos" no sentido de habitantes dessa região, desde pelo menos a república romana, no séulo VI a.C. Os paduanos consideram sua cidade como a mais antiga cidade italiana, acreditando ter sido ela fundada pelos troianos. Mas, de qualquer forma, Santo Antônio não era paduano nem mesmo tinha nascido naquela região. Como os cristãos consideram que a morte é o nascimento para a vida eterna, o lugar da morte é muitas vezes adicionado ao nome de um santo, como foi o caso de Santo Antônio. Daí o "de Pádua".

— Na verdade, Santo Antônio nasceu em Lisboa — retomou Alessandra. — Vejam só, do outro lado da Europa.

— Ele era português?! — exclamou César.

— Era sim. Os portugueses o chamam de "Santo Antônio de Lisboa" — disse Jorgedu. — E quando nasceu, recebeu o nome de... Fernando.

— Fernando?! — interromperam os três garotos quase ao mesmo tempo. — Santo Antônio se chamava Fernando?

— Assim como São Francisco de Assis foi batizado como João Batista, vocês não sabiam? — provocou o padrinho.

— João Batista? — exclamou César! — Ora vejam!

— Francisco foi o nome que ele escolheu! — continuou seu pai.

— Pois é — disse Alessandra —, e Antônio foi o nome que Fernando escolheu, uma das muitas escolhas que fez ao longo de sua vida. Vocês nunca repararam que existem muitos "Fernando Antônio" no Brasil?

— É mesmo — disse Antônio —, na minha classe há um garoto com esse nome.

— Eu também conheço um — disse César.

— Pois Santo Antônio, ao nascer, em Lisboa, chamou-se Fernando de Bulhões. O nome Fernando tem origem germano-céltica e parece ter vindo a Portugal com os cruzados que, cerca de cem anos antes, tinham chegado a Leão com o nobre Henrique de Borgonha. Esse nome continuou desde então a ser muito prezado na Península Ibérica, onde encontramos até hoje muitos Fernandos, Hernandez, Ferdinandos. Fernando significa "o homem que combate pela paz".[1] Num tempo em que o significado dos nomes era muito importante, foi como se o nome recebido no batismo tivesse de fato marcado o menino e decidido seu destino, concluiu Alessandra.

— Nesse momento Portugal também se está formando, retomou Jorgedu. — Em 1093, o rei Afonso VI, de Leão, dera uma porção de terras a oeste de Leão, na Galiza, o Condado Portucalense, como dote a sua filha natural, Teresa, que se casara com Henrique, segundo filho do Duque de Borgonha. Henrique fora à Península Ibérica auxiliar o rei Afonso na luta contra os muçulmanos. Como segundo filho, Henrique não tinha fortuna.

— Naquela época, o filho mais velho dos nobres herdava o título e as terras e os outros tinham de sair pelo mundo em busca de fortuna — completou César. — Eram os "cavaleiros andantes" dos romances.

— Em busca de fortuna e da fortuna, quer dizer, da sorte — interveio Alessandra.

---

[1] Cf. LEQUENNE, Fernand. *Antoine de Padoue. Sa vie, son secret.* Paris: Éditions du Chalet, 1991.

— Assim, Antônio, que é o segundo filho, pode começar a correr mundo... – provocou Maria.

— Ora – continuou Jorgedu ignorando a provocação –, a Península Ibérica estava quase toda invadida pelos muçulmanos, vindos do norte da África. A realeza cristã da península tinha-se refugiado no norte. E pouco a pouco os cristãos foram descendo e reconquistando o território peninsular, já muito arabizado. A construção de Portugal se dá exatamente com esse movimento, que se chamou Reconquista, quer dizer, reconquista pelos cristãos da terra conquistada pelos árabes muçulmanos. É feita pela união do norte, com a aristocracia do Condado Portucalense, com o sul, progressivamente conquistado aos muçulmanos. E só se concluiu em meados do século XIII.

— Vocês conhecem o romance *Eurico, o presbítero*,[2] de Alexandre Herculano? – perguntou Alessandra. – É um romance escrito no século XIX que conta a história dessa reconquista.

— Vou tomar nota... – respondeu Maria, puxando um caderninho. – ... Seção "Leituras a fazer".

....
[2] HERCULANO, Alexandre. *Eurico, o presbítero*. São Paulo: Difusão Europeia do Livro, 1965.

— Pela regra geral — continuou Jorgedu —, o senhor que reconquistasse um determinado território aos árabes agregava-o a seus domínios.

— Ah, então foi uma corrida contra os árabes — disse Antônio.

— Justamente — concordou Jorgedu. — A ideia era exatamente essa. Motivar todos os nobres contra os árabes, quer dizer, os muçulmanos. A perspectiva não era étnica mas religiosa. O objetivo maior de todos deveria ser a luta contra "os infiéis" — era assim que eles eram chamados — em favor do reino de Deus e da salvação da própria alma, mas todos ganhavam imediatamente, apropriando-se das terras conquistadas.

— Huumm... — murmurou César —, essa motivação religiosa me parece meio suspeita...

— Assim — continuou Jorgedu —, o filho de Henrique da Borgonha, que se chamou Afonso Henriques, em homenagem ao avô Afonso e ao pai Henrique, aumentou seu território conquistando terras e construindo Portugal. A chamada reconquista só terminará em 1250, com a conquista do Algarve.

— E o que é que havia nessa região, nessa época? — perguntou Antônio.

— A principal atividade econômica do país era a criação de gado e a agricultura. Criavam-se bois, carneiros, cabras, cavalos e porcos. Plantavam-se oliveiras, para a produção do azeite, uvas, para o vinho, e outras frutas. E havia uma grande atividade a partir do mar, com a extração do sal e a pesca. Por outro lado, nessa época já se constitui nesse território uma burguesia, responsável não só pelo comércio de azeite, vinho, mel, sal, peixe salgado e couros, como também pela navegação costeira, que ativava não só portos marítimos, como Porto ou Lisboa, como também fluviais, como Coimbra e Santarém, e comercializava o dinheiro, quer dizer, tinha a atividade hoje desenvolvida pelos bancos – respondeu Jorgedu.

– No fim do século XII já havia navios portugueses transportando produtos portugueses para o porto de Bruges, no território da Bélgica de hoje, e também para Londres e Dublim, acrescentou Alessandra.

– A nobreza e o clero, no entanto, continuavam desempenhando os principais papéis na sociedade – retomou Jorgedu. – O clero era forte econômica e culturalmente. Além disso, apoiava-se na organização mundial da Igreja e contava com o fato de o poder espiritual, representado pelo poder eclesiástico, isto é, da Igreja, ser mais importante que o poder civil na mentalidade de toda a Europa: a Europa inteira era católica; seria impensável não sê-lo.

— E achava-se que era Deus quem atribuía o poder aos poderosos — interveio Antônio. — Estudei isso no colégio.

— Exatamente — confirmou Jorgedu. — A autoridade dos reis e, consequentemente, dos nobres, provinha de Deus, na mentalidade da época. E Dom Afonso Henriques queria ser rei, e não apenas conde do Condado Portucalense.

— Parece lógico — ironizou Maria.

Jorgedu continuou.

— Para conquistar esse título teve, no entanto, de enfrentar seu primo, Afonso VII, de Leão, neto de Afonso VI. Depois de sua vitória em duas batalhas, foi firmado, com o reino de Leão, o Tratado de Zamora, em 1143, que declarava Dom Afonso Henriques rei (e não mais conde) do Reino de Portugal (nome que substituiu o de Condado Portucalense). Em 1179 o Papa Alexandre III, através da bula *Manifestis Probatum*,[3] reconhece Portugal como país independente e vassalo da Igreja. Só a partir de então Portugal foi considerado realmente independente. E assim os reis de

---

[3] "Está claramente demonstrado que" ou "está manifestamente provado o argumento...". Assim se inicia a bula papal. Agradeço aos professores Adail Sobral e Alamir Costa pela tradução do texto latino.

Portugal consideraram-se, durante muito tempo, vassalos da Santa Sé.[4]

— Depois de muita briga de família — brincou César.

— Em 1195, reinava Dom Sancho I, o segundo rei de Portugal, chamado "O Povoador", filho de Afonso Henriques. Supõe-se que Fernando de Bulhões tenha nascido nesse ano[5] — continuou o narrador.

— "Supõe-se"? — perguntou César.

— Supõe-se — respondeu Jorgedu. — Como eu disse ontem, há muitas interrogações sobre a vida de nosso santo, sobretudo quanto a sua primeira parte, quando ele não era ainda famoso. Sua data de nascimento é assim, estimada, porque naquela época não existiam certidões civis de nascimento. As datas eram marcadas pelas certidões expedidas pela Igreja — de batismo, de casamento ou de óbito —,

---

[4] Cf. SARAIVA, António José; LOPES, Oscar. *História da Literatura Portuguesa*. 5. ed. revista e aumentada. Porto/Lisboa: Porto Editora Ltda., s/d, p. 34.

[5] "A falta de informações confiáveis sobre Antônio começa com o ano de seu nascimento. Tradicionalmente, tem-se considerado essa data como a festa da Assunção, 15 de agosto de 1195, talvez por força de sua luta pelo reconhecimento em sua época da Assunção da Virgem. Isso faria com que Antônio tivesse 36 anos quando morreu. No entanto, a datação científica recente dos restos mortais de Antônio indica que ele tinha 39 anos e 9 meses, quando de sua morte. Seu nascimento ter-se-ia dado, então, em 1191". NUGENT, Madeline Pecora. *Antônio*; palavras de fogo, vida de luz. São Paulo: Paulinas, 2008, p. 488.

certidões essas que nem sempre foram bem conservadas. Assim, a maioria dos santos da Idade Média não tem seu ano de nascimento muito bem definido.

Alessandra interveio:

– A tradição diz que o nascimento de Fernando Bulhões deu-se num dia 15 de agosto, dia em que se comemora a assunção da Virgem Maria. Mas talvez essa data tenha sido escolhida mais tarde, para, de certa maneira, agradecer-lhe sua devoção à mãe de Deus e tudo o que fez ele por seu culto. Seu batismo deu-se justamente na catedral ou Sé de Lisboa, construída, ao que tudo indica, logo após a reconquista da cidade, em 1147, a partir do edifício de uma mesquita, o templo muçulmano. Ainda hoje se pode ver lá a pia na qual o menino recebeu o primeiro sacramento.

– Próxima viagem, destino Lisboa! – brincou Antônio. – Quero ver essa pia batismal.

– Vamos juntos, se Deus quiser – disse Alessandra. – Também estamos programando uma viagem a Portugal.

Jorgedu retomou a palavra:

– Vamos, sim, se Deus quiser. Mas, por enquanto, vamos continuar nossa viagem pela história? Às vezes as melhores viagens são as feitas pela imaginação.

— Prefiro as feitas de avião — disse César.

— Posso continuar? — perguntou Jorgedu. Diante da aquiescência do auditório, retomou ele o fio da narração. — Os pais de Fernando se chamavam Martim e Maria Teresa. Mas sobre sua origem há também muitas divergências. Alguns cronistas dizem que eles foram cidadãos humildes, outros que eram abastados e que seu pai era cavaleiro. Outros ainda afirmam que Martim era descendente de Godefroy, o chefe da primeira cruzada (1095). Todos os cronistas, no entanto, afirmam que Martim e Maria Teresa eram "justos diante de Deus".

— Nessa época se falava latim ou já se falava português? — perguntou Maria.

— O latim nessa época já estava longe — respondeu Alessandra. — Ao menos como língua falada.

— De fato — concordou Jorgedu —, os romanos tinham levado o latim à Península Ibérica no século III a.C., impondo-o aos povos que lá viviam, os lusitanos e os galaicos. Mas, desde então, a região sofrera invasões de diferentes povos. Alanos, vândalos, suevos e visigodos misturaram na região suas próprias línguas ao latim já modificado que lá se falava. Não era mais o latim de Roma. Finalmente, foi a vez dos árabes, que no século VIII, em 711, invadiram a península. Em 718 começou a Reconquista e, com ela, a diferenciação linguística da região, que acompanhou mais ou menos a divisão política. Em cada uma das divisões da península, a Galícia, Leão e Astúrias, Castela, Aragão, Navarra e a atual Catalunha, formaram-se os "romances", línguas intermediárias entre o latim que se falava nas províncias romanas e as línguas que se formaram posteriormente, isto é, o galego-português, o ásturo-leonês, o castelhano, o basco e o navarro-aragonês, o catalão.

– Romântico, uma língua chamada "romance" – comentou Maria.

– Essa palavra quer dizer "uma língua da România", a região ocupada pelo império romano, por oposição ao latim – explicou Alessandra. – Trata-se de uma fase preliminar das línguas românicas, isto é, das línguas derivadas do latim, dentre as quais encontra-se o português. Do romance falado na região noroeste da península ibérica, na Galiza, constituiu-se o dialeto galaico-português. Ao sul, quer dizer, de Lisboa para baixo, organizou-se provavelmente outro, cheio de palavras e de estruturas árabes, do qual nada possuímos. Com o movimento da Reconquista, o galaico-português atingiu o sul, misturando-se ao romance local e predominando sobre ele, já no século XIII, quando se completou a Reconquista.

Com a independência de Portugal, o português e o galego se diferenciaram. Em documentos do século IX, escritos em latim bárbaro...

— Latim bárbaro? — interrompeu Antônio. — Como "bárbaro"?

— Latim bárbaro era o latim errado que se usava nos territórios romanos, e que constitui muitas vezes a mera latinização do romance da região — esclareceu pacientemente Alessandra.

— Alguma coisa como "Net mole not" — brincou César.

— Posso continuar ou paro? — impacientou-se Alessandra.

— Não, não, continue — pediu Maria.

— Bom, eu dizia que em documentos escritos em latim bárbaro do século IX já se encontram algumas palavras do galaico-português. No entanto, só no século XII[6] é que aparecem textos inteiramente redigidos nessa língua.

Jorgedu concluiu:

— Assim, no período de vida de Santo Antônio, a língua usada cotidianamente era o galaico-português. Só em meados do século XVI o português será fixado, pela organização de uma gramática ensinada na escola. Mas, como padre

---

[6] Cf. Ismael de Lima Coutinho, op. cit., p. 55.

que era, Fernando aprendeu latim, a língua da Igreja. Por intermédio do latim toda a Igreja se compreendia.

– Mais ou menos como o inglês de hoje – comentou César.

– Isso mesmo – concordou Jorgedu.

– Da infância de Fernando nada se sabe – retomou Alessandra. – No entanto, na tradição popular encontra-se uma pequena história que vale a pena ser contada: um dia, Fernando e seu pai saíram para passear e admiraram um campo de trigo cujas espigas estavam maduras e prontas para a colheita. De repente, eles veem aproximar-se um bando de pardais que certamente comeriam todo o trigo num piscar de olhos. Martinho disse então a seu filho: "Fique aí bancando o espantalho, enquanto eu corro até a casa dos donos do campo para preveni-los. Mova os braços, faça barulho, não deixe que os pássaros se aproximem". O menino Fernando adorou o encargo e lá ficou espantando os pardais. Mas num dos rodopios que deu viu uma pequena capela na borda do campo. E teve vontade de lá ir. Mas como abandonar o campo aos pardais? Como desobedecer à ordem de seu pai? Então, simplesmente disse aos pássaros: "Vocês aí, venham comigo". E os pardais obedeceram. Fernando encontrou um depósito vazio, entrou com os passarinhos, trancou-os lá dentro e foi rezar tranquilamente na igrejinha. Quando seu pai voltou, não viu nem seu filho nem os pássaros. Encontrou finalmente Fernando na igreja e, depois das explicações necessárias, foram juntos soltar os passarinhos...

– Bonita história – disse Antônio. – Mas não pode ser verdade...

– Como eu disse, é uma história que pertence à tradição – retomou Jorgedu. – Quem a criou? Não se sabe. Sabemos que atravessou o tempo, contada através de gerações. Em vez de nos perguntarmos se é verdadeira, devemos refletir sobre o significado de sua criação. Que traço de Fernando-Antônio é nela ressaltado?

– A delicadeza – respondeu Antônio.

– A sensibilidade – disse César.

– Isso mesmo. E também um traço que será característico de nosso santo – diz o padrinho –, ou seja, a habilidade, a capacidade de compor, de harmonizar ordens aparentemente opostas. Santo Antônio será um santo da composição, da harmonização do diverso. Por outro lado, vejam como no imaginário popular a intimidade da criança com os animais é indício de santidade. São Francisco é também associado aos animais, não é mesmo? Há mesmo um episódio de sua vida em que o vemos pregando às aves.

— Lá em casa há uma imagem de São Francisco com passarinhos sobre os ombros e sobre a cabeça, não é, mamãe? — lembrou César, dirigindo-se a Alessandra.

— Isso mesmo — confirmou esta.

Em Lisboa

— As escolas episcopais ou catedrais e as escolas conventuais, como os nomes estão dizendo, ligadas a uma catedral ou a um convento, foram as primeiras em território português — prosseguiu Jorgedu. — As primeiras destinavam-se à preparação do futuro clero e as segundas, à preparação dos noviços, quer dizer, daqueles que desejavam tornar-se sacerdotes. Na catedral de Lisboa, Fernando, além de catecismo, aprendeu a ler, a escrever, a contar, iniciou-se no latim e, também, na música para cantar durante as cerimônias religiosas. A tradição diz que possuía uma bela voz. Aos 15 anos decidiu tornar-se padre e foi então integrar o convento de São Vicente de Fora. Estamos em 1210.

— De Fora? — perguntou Maria. — De fora do quê?

— De fora dos muros da cidade medieval de então, que era murada — explicou Alessandra.

— Na região moura, que hoje constitui o bairro de Alfama.

Jorgedu continuou:

— O convento de São Vicente de Fora tinha sido criado por Dom Afonso Henriques como uma filial do convento dos Cônegos Regrantes de Santa Cruz, de Coimbra, fundado nos primeiros anos da monarquia portuguesa, a partir de um cemitério construído pelos sitiantes cristãos da cidade. O edifício medieval foi completamente reconstruído no século XVI, mas, por sorte, um desenho do original, feito em 1590, chegou até nós e está guardado na Academia Nacional de Belas Artes de Lisboa.

— Estamos falando de São Vicente de Paulo — perguntou Antônio?

— Não — explicou Alessandra. — São Vicente de Paulo é um santo francês do período entre os séculos XVI e XVII. São Vicente de Saragoça foi mártir da perseguição do imperador Diocleciano aos cristãos, e é o padroeiro de Lisboa. Em 1173, o povo de Lisboa tinha feito transladar suas relíquias do Algarve à catedral de Lisboa, num processo de fortalecimento da cristianização da cidade, reconquistada apenas a partir de 1147.

Jorgedu continuou:

– Os cônegos de São Vicente de Fora seguiam a regra de Santo Agostinho. Viviam em comunidade, o mais das vezes em silêncio, cumprindo jejuns e vigílias. Mas dedicavam-se igualmente aos estudos – constituíam uma das ordens mais intelectualizadas da época – e a trabalhos manuais. E, sobretudo, cuidavam das paróquias sob sua guarda. Aliavam assim contemplação e ação. Entre os agostinianos Fernando fez grandes progressos intelectuais. A tradição registra sua memória excepcional e sua aguda inteligência. Ora, a memória, na Idade Média, tem uma grande importância. A maioria das pessoas de então é analfabeta e deve armazenar na memória todo o conhecimento que lhe é necessário. Há mesmo técnicas que se transmitem para memorizar acontecimentos e dados. Na sociedade medieval, o juramento era muito importante e um homem que "cumpria sua palavra" era um homem de prestígio. Ora, era pois preciso que houvesse pessoas de "boa memória" para atestar o cumprimento da palavra dada ou mesmo para testemunhar durante os processos. O cristianismo medieval é um cristianismo de tradição, de memória, que segue literalmente as palavras de Jesus ao instituir a Eucaristia: "Façam isto em memória de mim".[7]

— E que matérias ele estudava? — perguntou Antônio.

— Em São Vicente de Fora, Fernando estudou, em primeiro lugar, teologia, aplicando-se a bem conhecer a Bíblia — respondeu Jorgedu. — E também ciências naturais. Num mundo em que a maioria era iletrada, a prática ou o sermão tinha uma importância muito grande. Era por seu intermédio que a religião era ensinada, e não só a religião, também a moral e a tradição, de modo geral. Por isso o sacerdote devia, em princípio, conhecer muito bem a Bíblia para poder utilizá-la em suas homilias. Por outro lado, a palavra escrita tinha também grande prestígio. Afinal, a Palavra de Deus estava registrada nas Santas Escrituras! Todo monastério tinha seu *scriptorium*, e todos os religiosos eram respeitados como sendo, em princípio, homens da cultura escrita. Entre os agostinianos de São Vicente de Fora, Fernando pronunciou enfim seus primeiros votos.

Alessandra interveio:

---

[7] Cf. LE GOFF, Jacques (org.). *L'Homme médiéval*. Paris: Editions du Seuil, 1989, p. 39.

— Sobrevém então a morte de sua mãe, que é enterrada no convento. Ali, na capela dedicada a Santo Antônio, pode-se ver ainda hoje uma laje sepulcral com os dizeres, em latim: "Aqui repousa a mãe de Santo Antônio".

Jorgedu continuou:

— Fernando está então decidido a consagrar-se inteiramente ao serviço de Deus. E se sente incomodado pelas frequentes visitas de seus amigos. Segundo a tradição, tais visitas o tentam em direção ao mundo, ele que seria tão popular, tão voltado para os prazeres terrestres. Para fugir a tais tentações, pede a seus superiores que o transfiram para longe de Lisboa, de seus amigos e de sua família. Que o transfiram a Coimbra, a 190 km ao norte de Lisboa, para o convento de Santa Cruz, dos mesmos cônegos agostinianos.

— Reparem — disse Alessandra —, mais uma passagem que aproxima a vida de Santo Antônio da de São Francisco. Também Francisco, segundo a tradição, procurou afastar-se de amigos de um outro tempo, com os quais não tinha mais afinidades ao abraçar o serviço de Deus.

— Terá sido uma coincidência? — perguntou César.

— Talvez — respondeu Jorgedu. — Ou talvez a hagiografia, quer dizer, a biografia dos santos, tenha sido escrita a partir de um modelo de texto, no qual certas passagens eram obrigatórias: nascimento de pais nobres, excelente inserção social, chamado a seu destino, recusa da vida anterior, viagens, acidentes de viagem que confirmem seu destino, desenvolvimento de seu poder/de seus méritos, morte e glória.

– Isso me lembra a estrutura do personagem do herói – disse Maria.

– E trata-se da mesma estrutura – redarguiu Jorgedu. – O santo é o herói desse momento, em que a aventura exterior desloca-se para o interior e a grande conquista é a da própria perfeição.

– Muito interessante – comentou Antônio, pensando nos personagens de suas histórias heroico-fantásticas.

Em Coimbra

Jorgedu retomou a palavra:

– Coimbra já era, naquele tempo, uma cidade muito importante, pois tinha sido um ponto-chave de agrupamento dos cavaleiros portugueses, chegados do norte de Portugal para a expulsão dos árabes. Segundo alguns historiadores, fora na mesquita principal de uma Coimbra recém-conquistada aos árabes que, em 1064, o famoso Cid, o Campeador, Dom Rodrigo de Bivar, fora feito cavaleiro pelo rei Fernando I de Leão e Castela.

– Olha aí um filme que vocês deviam ver – interrompeu Alessandra: – *El Cid*, de 1961, direção de Anthony Mann. Nas locadoras vocês devem encontrar.

– Vai pro meu caderninho – disse Maria. – Seção filmes a assistir.

Jorgedu continuou:

– Coimbra posteriormente fora a cidade preferida de Afonso Henriques, que fundara a abadia de Santa Cruz antes da conquista de Lisboa, provavelmente em 1131. A abadia de Santa Cruz era bela e imponente e em seu jardim, ao lado de plantas medicinais, vicejavam então as famosas rosas de Mossul (atual Iraque), as primeiras trazidas do Oriente para o Ocidente cristão. Nela vivia uma centena de religiosos. Seus mestres eram superiores aos de São Vicente de Fora e sua biblioteca era mais rica. Foi a partir desse monastério que, em 1292, foi fundada a Universidade de Coimbra, uma das mais reputadas da época e até hoje uma importante universidade europeia. Fernando ocupa nesse monastério o cargo de porteiro, um posto em princípio humilde, mas carregado de força simbólica. Como porteiro, ele se comunicava ao mesmo tempo com o interior e com o exterior, com os demais frades e com o mundo, sendo o encarregado de introduzir os visitantes no convento. Como se sua função de mediador entre Deus e os homens já se fosse esboçando desde essa época. Por outro lado, sua vida espiritual devia fazer-se não mais no recolhimento do claustro, mas em contato com os demais homens. Seus exercícios de meditação e de reflexão deviam fazer-se ao mesmo tempo que seu trabalho de contato. Sua memória devia exercitar-se, uma vez que não podia frequentemente se socorrer dos livros da biblioteca. Seu tempo de estudo tornava-se precioso, porque contado e cortado pelo trabalho com o público. Por força de sua função, podemos supor que não podia ele assistir a todos os ofícios, a todas as cerimônias. E a tradição nos presenteia com outra bela história. Diz ela que, quando Fernando ouvia o soar dos sinos anunciando a elevação da hóstia, ajoelhava-se onde estivesse. E que então as paredes se afastavam para que ele pudesse assistir à missa. Ocasionalmente se referia ele a detalhes da cerimônia que só poderiam ser conhecidos por quem tivesse estado presente na peça, o que surpreendia os demais monges. A tradição guarda também o testemunho de hóspedes do convento que teriam presenciado tais fatos.

— Você acredita nisso, Jorgedu? — perguntou Antônio, com cara preocupada.

— Antônio, na Idade Média os homens só prestavam atenção ao extraordinário. O "normal" não era considerado interessante nem digno de registro. Por isso essa é uma época de muitos "milagres". Era necessário sublinhar uma verdade para que ela fosse aceita. Mais uma vez, em vez de nos perguntarmos pela "verdade" de uma tradição, será melhor que nos perguntemos por seu sentido. Que é que essa história quer transmitir?

— Acho que ela quer afirmar a força da concentração de Fernando — respondeu César. — Como sua concentração era intensa, era como se ele estivesse vendo o que se passava na igreja.

— Ou então — interveio Maria — a intensidade de sua fé. Não se diz que a fé remove montanhas? No caso dele, removia as paredes... É uma maneira de dizer...

— Acho que vocês têm razão, cada um de vocês percebeu um sentido da história — retomou o padrinho. — Fernando ficará em Coimbra por cerca de dez anos — continuou Jorgedu. — No fim desse período, foi ordenado, tornando-se padre — o que significava aceder a um grau superior na congregação, uma vez que nem todos os monges são sacerdotes —, e começou a redigir sua obra.

Nela, conforme a doutrina da época, dedicou-se a estabelecer correlações entre o Antigo e o Novo Testamento, de modo a provar como o Antigo já prenunciava o Novo, como não havia contradição entre as duas partes da Bíblia. Segundo a tradição, precisou de uma dispensa especial para ser ordenado, pois a idade mínima para receber o sacramento da Ordem era de 30 anos, e ele ainda não os tinha completado. Por esse tempo sua fé, sua piedade e seus méritos intelectuais já eram conhecidos, e muitos milagres já lhe eram atribuídos. A tradição narra que um dia, servindo na enfermaria do convento, Fernando se deparou com um monge atravessado por crises terríveis de violência, que nada nem ninguém conseguiam acalmar. Imediatamente, deu-se conta de que o jovem monge estava possuído pelo demônio. Aproximou-se então e cobriu o jovem com sua capa, o que fez com que o possesso se contorcesse mais ainda até finalmente se acalmar. Nesse momento um tremor de terra sacudiu o edifício e um cheiro nauseabundo encheu os ares. O demônio abandonava sua presa.

– Ele deveria transmitir muita força, não é? – interveio Alessandra. – E as pessoas deviam se sentir protegidas por ele.

– Isso mesmo – confirmou Jorgedu.

Antônio

E o padrinho continuou:

— Em Coimbra estavam guardados os despojos de Afonso Henriques e lá as cerimônias religiosas eram frequentemente faustosas. Os monges do Convento de Santa Cruz viviam com certo luxo, o que muitas vezes permitia e mesmo facilitava deslizes quanto ao cumprimento das regras da ordem. Fernando sofria com isso, mas se calava, por disciplina e por humildade. Ora, em 1217, Dona Urraca, mulher do rei Dom Afonso II, de Portugal, tinha doado aos franciscanos que tinham recentemente chegado ao país, vindos da Itália, um terreno plantado de oliveiras. Ali havia uma capelinha dedicada a Santo Antônio, o eremita do deserto, chamado pelos portugueses de Santo Antão, que morrera por volta do ano 356. Os discípulos de Francisco de Assis construíram nesse terreno humildes choças, onde dormiam no chão, recusando o mínimo conforto, conforme lhes impunha a regra franciscana. Apesar disso ou talvez por causa disso, seu número cresceu rapidamente.

— Interessante — murmurou César.

— Ao contrário do que muita gente pensa, a Idade Média foi um momento em que as pessoas ansiavam por renovações — continuou Jorgedu.

– A nova ideia de espiritualidade e de vida cristã, trazida por Francisco, que se afastava do poder do clero e do relativo luxo dos conventos, obteve imediatamente uma grande aceitação na sociedade. Os franciscanos não se afastavam das cidades como os monges do deserto; ao contrário, habitavam o mais próximo possível delas, misturando-se à população, embora dela se distinguissem por seu modo de vida. Os franciscanos de Santo Antão dos Olivais iam frequentemente a Coimbra, pregar nas igrejas e nas praças e, também, ao monastério de Santa Cruz. Fernando se sentia tocado pela simplicidade de sua vida, expressa mesmo em sua saudação: "Paz e bem". Como a vida deles contrastava com a vida protegida do Convento de Santa Cruz! Como esses monges que viviam unicamente de esmolas estavam mais perto do povo sofrido que os de Santa Cruz, que viviam na abundância e na segurança, protegidos que eram pelo rei. Por outro lado, parecia-lhe que o conforto de que desfrutavam fazia com que os monges relaxassem a observância de seus votos. Como a vida que ele, Fernando, levava parecia-lhe diferente daquela que pretendera viver ao decidir dedicar-se à vida religiosa!

– Que era, afinal, uma vida boa – concluiu Antônio.

Jorgedu sorriu e, sem responder, continuou:

– Um dia chegaram da Itália, a pé, como viajavam os franciscanos, cinco novos frades menores, que é como se chamavam os adeptos de Francisco: os padres Berardo, Pietro e Othon e os irmãos leigos Adiuto e Accursio. Dirigiam-se eles, via Portugal, a Marrocos, onde pretendiam evangelizar os muçulmanos. Apesar de terem sido prevenidos dos perigos que correriam, os cinco franciscanos partiram cheios de esperança. Alguns meses depois chegou a Santa Cruz a terrível notícia de que os cinco tinham sido martirizados em Marrocos. Em janeiro de 1220, seus restos mortais chegaram ao convento em caixões de prata, enviados pelo irmão do rei de Portugal, o infante Dom Pedro, que era general no exército do Sultão de Marrocos, mas que, mesmo assim, não tinha podido salvar os missionários. O rei e a rainha, à frente de toda a corte e seguidos pelo clero e pela multidão, foram receber os despojos, diante dos quais Fernando passou a orar seguidamente. Compreendeu ele, enfim, o que devia fazer: era necessário mudar. Mais uma vez. Afastar-se mais ainda do conforto, da segurança. Mudar de convento e de ordem, trocar o belo hábito branco e negro dos agostinianos pela túnica escura e grosseira dos franciscanos.

Sair de Santa Cruz rumo à Santo Antão dos Olivais, tornar-se um irmão de Francisco.

– Que será que pensaram os outros frades de Santa Cruz? – perguntou Maria.

– De fato, não foi fácil para Fernando convencer os monges de Santa Cruz a deixá-lo partir – respondeu Jorgedu –, mas enfim renderam-se eles ao que se mostrava como sendo o destino do jovem e a vontade do Senhor. E, para mostrar o quanto sua mudança era profunda, Fernando, que tudo abandonava, abriu mão também de seu nome de batismo, tomando o nome do patrono da igrejinha franciscana. Tornou-se então Antônio.

Viagens

– E começaram suas viagens – disse Alessandra.

– De fato – continuou o padrinho –, Antônio não se sentia ainda em seu lugar. Pensava sem cessar nos cinco frades martirizados em Marrocos. Não deveria ele substituí-los? Não seria ele capaz de convencer os mouros, ele que, como português, os conhecia tão mais que os frades italianos? Santo Agostinho, o patrono de sua antiga ordem, era de Ceuta. Sua formação agostiniana não lhe proporcionaria melhor abordagem dos muçulmanos? E por outro lado, se fracassasse? Não seria a suprema glória colher a palma do martírio? Tanto insistiu ele, que os franciscanos o autorizaram a partir. E lá se foi ele com seu companheiro de viagem – os franciscanos viajavam sempre no mínimo a dois –, que, também, desejava levar sua missão até o martírio, se necessário fosse. Chamava-se Filippo ou Filippino e o Senhor quis que morresse, finalmente, tranquilamente, em Siena, na Itália. Os dois frades atravessam, pois, o Mediterrâneo e, sem problemas, chegam a seu destino. O Marrocos é, nessa época, já mais tolerante e não lhes oferece grande oposição. Mas... logo ao chegar, Antônio cai doente. Contra suas expectativas e as de seu companheiro, seu estado não melhora. Deitado, sem poder pregar, reflete então sobre os desígnios de Deus: não seria ele feito apenas para os estudos? Sua via, a estrada à qual Deus o chamava, seria realmente a via missionária? Estaria ele em erro ao pretender dirigir sua vida, em vez de deixar-se guiar pela mão de Deus? De qualquer maneira, ele se vê obrigado a retornar a Portugal. E Filippo o acompanha.

– Felizmente para ele – comentou Antônio. – Querer ser martirizado, que coisa!

O narrador prosseguiu:

– Ceuta já está longe, já se veem as costas da Espanha e Antônio está bem melhor de saúde. Sente-se, no entanto, espiritualmente, muito mal. Terá de confessar seu fracasso aos frades de Olivais, terá de reconhecer seu fracasso diante de si mesmo. Terá sido presunçoso ao pensar que ele, que passara toda sua vida até então no conforto das bibliotecas, poderia ser um homem de missão? Subitamente o tempo vira. O mar revolto, o vento fortíssimo ameaçam fazer naufragar a embarcação. Um dos mastros cai, as velas se rasgam, ondas invadem violentamente o barco. O capitão, experiente homem do mar, decide não mais tentar controlar seu navio, não mais lutar contra a tempestade e, ao contrário, deixar a embarcação flutuar ao sabor do vento e das vagas. Dois dias e duas noites o navio vaga sem controle. Frades e marinheiros rezam. Na manhã do terceiro dia, o sol brilha e eles veem finalmente a terra. O vento os empurra para a praia, onde encalham. Estão na Sicília, no estreito de Messina, perto de Taormina, a 2.000 km de Ceuta! O continente italiano está a apenas duas léguas de distância. Antônio compreende que recebera a resposta que buscava, que ali começa sua nova vida. Está ele em terra nova. Não na terra nova que tinha querido conquistar, mas nessa outra, nova até mesmo para seus projetos. Compreende que é um renascido e que deve recomeçar do zero. Assim, pede a Filippo que não fale com ninguém sobre seus estudos, sobre sua reputação de intelectual, nem mesmo sobre sua condição de sacerdote. Quer recomeçar, quer começar, renascer. Diz a tradição que os dois frades permaneceram cerca de dois meses na ilha. Eis que um dia souberam que Francisco, o fundador da ordem, convocara um "Capítulo Geral", para as festas de Pentecostes, no próximo 30 de maio, em Santa Maria dos Anjos, perto de Assis. Aí o jovem Francisco havia compreendido sua vocação e o lugar se tornara o núcleo da vida franciscana, onde se construía sua primeira igreja. Era o ano de 1221.

– O que é um "Capítulo Geral"? – perguntou Antônio.

– Uma reunião geral – respondeu Alessandra.

Mais perto de Francisco

Jorgedu continuou:

– Antônio e Filippo decidiram comparecer a essa reunião e iniciaram a viagem, a pé, como exigia a ordem franciscana, ritmando a caminhada com hinos e orações. Lá chegando, encontraram não só os primeiros companheiros de Francisco como também numerosos outros. Eram frades de toda a parte, 5 mil, 6 mil, que se abrigavam todos em pequenas cabanas feitas com ramos de árvores. Francisco gostava de reunir seus irmãos duas vezes por ano, nas festas de Pentecostes e na festa de São Miguel, em 29 de setembro. Nesses encontros os frades se encorajavam mutuamente, contando uns aos outros as provas atravessadas e as graças recebidas, assim como a melhor maneira de observar a Regra Franciscana. O Capítulo de 1221 durou três semanas. Assistem ainda à reunião muitos dominicanos e também ao menos um cardeal. Francisco acabara de chegar da Terra Santa. Antes de sua partida, tinha passado a direção da ordem a outro irmão, que morrera e fora substituído por um terceiro. Francisco agora se sentava, em sinal de humildade e obediência, aos pés daquele que, como novo dirigente, liderava a reunião. O Capítulo começou com a narrativa detalhada do martírio dos 5 irmãos mortos em Marrocos. Depois, passou-se a discutir as reformas introduzidas na ordem durante a ausência de Francisco. A regra era originalmente muito rígida. Os Irmãos de Francisco não podiam possuir nada, nem livros. Francisco desconfiava até do saber e dos sábios, temendo que a instrução alimentasse a vaidade e o orgulho dos Irmãos. A pregação dos franciscanos era feita com palavras simples, sem demonstração de cultura religiosa, falando diretamente do amor de Deus pelos homens, dos deveres dos homens para com Deus e da observância dos mandamentos. Sua simplicidade e franqueza tocavam profundamente o coração do povo e mesmo da nobreza ou de públicos mais sofisticados.

– Interessante – julgou Maria.

– Mas – retomou Jorgedu – durante a ausência do fundador, os Irmãos se dividiram, uns desejando mudanças que abrandassem a rigidez original, outros pretendendo manter a regra em seu estado. Os ânimos haviam-se exaltado e a ordem estava à beira da ruptura. Num esforço de conciliação, Francisco aceitou reformas. Daí para a frente, os frades poderiam fazer estudos e possuir livros, de modo a melhor cumprir sua tarefa de evangelização. A Regra de Francisco era também muito severa com respeito à castidade. Mas nesse momento se institui a Ordem Terceira, que reúne leigos que, como tais, poderiam casar-se e mesmo assim se dedicar ao serviço de Deus.

– Mais interessante ainda – interveio César.

– Durante o Capítulo – continuou Jorgedu –, além de discutirem pontos de organização, os frades se apresentam, trocam experiências, organizam-se em grupos. Montam-se novas frentes de trabalho, distribuem-se os encargos, determinam-se as novas residências dos frades. Filippo foi incluído num grupo, mas Antônio não foi convidado para integrar nenhum. E espera paciente e humildemente que Deus lhe mostre seus desígnios. Sozinho, anda de um lado para o outro por entre os grupos que, alegremente, já organizam sua partida. De repente, cruza ele com um provincial, quer dizer, um superior regional, o padre Graziano. Sem saber como, vê-se suplicando-lhe que o integre a seu grupo, que lhe dê um emprego qualquer. Padre Graziano pensa rapidamente em como aproveitar tal oferta, uma vez que seu grupo já está completo, e murmura:

– Se ao menos você fosse padre...

E Antônio lhe responde:

– Sou padre.

A surpresa e a alegria de padre Graziano são enormes. Naquela época a ordem contava com poucos padres, e mesmo Francisco não era sacerdote, embora fosse chamado de Padre Francisco. E a necessidade de padres era grande, para dizer a missa e ministrar os sacramentos aos outros irmãos.

O pregador

– Antônio parte então, sempre a pé, a Monte São Paulo, na Romanha – continua o narrador.

– Onde fica a Romanha? – quis saber Antônio.

– Fica na região da Itália banhada pelo mar Adriático, desde a cidade de Ascoli Piceno até a fronteira com a atual Eslovênia – respondeu Alessandra.

– Em Monte São Paulo – continuou o narrador –, o pequeno convento abriga quatro frades. Todos os dias Antônio celebra a missa para seus irmãos. Além disso, varre as celas dos monges e ajuda na cozinha. Encontra uma gruta na floresta contígua e lá se recolhe para rezar e meditar, durante a noite, no início da madrugada ou durante seu tempo livre das obrigações do humilde convento. Tem cerca de 30 anos. Um dia, em 1222, celebra-se na catedral de Forli a ordenação de frades franciscanos e dominicanos. A ocasião é de júbilo para as duas ordens que precisam tanto de sacerdotes. Depois da cerimônia religiosa, reúnem-se todos para uma refeição no convento franciscano. O superior franciscano pede então ao superior dominicano que designe um de seus frades para pronunciar o discurso comemorativo, uma vez que sua função principal era justamente a pregação. Os dominicanos eram chamados de "frades pregadores". Mas o superior dominicano não consegue que nenhum de seus irmãos se decida a pregar aos franciscanos. Dirige-se, pois, ao superior franciscano e pede-lhe que designe um dos seus para falar-lhes, à maneira simples e direta dos franciscanos. Mas também os franciscanos se recusam, um após o outro, a falar. Subitamente o superior indica Antônio, que até então escondera seus dotes intelectuais. Os demais frades se surpreendem. Como "o português" poderia fazer um discurso? O superior, no entanto, já o ouvira dar sua opinião em certas discussões e acredita que ele será capaz de desincumbir-se da missão. Antônio, evidentemente, não tinha preparado nada e, como todos os demais, hesita em falar de improviso. Mas invoca o Espírito Santo. E é aí que sua inteligência e seu preparo intelectual se revelam. Ele começa a falar com simplicidade e, pouco a pouco, sua fala se nutre de citações que surpreendem a todos, citações do Antigo e do Novo Testamento, que mostra conhecer de cor, relacionando-as de maneira original e esclarecedora. Sua voz igualmente se transmuda e apresenta inflexões novas. Revela-se, então, não só como um grande pregador mas também como teólogo. A notícia da descoberta de um tal talento na ordem chega ao provincial, padre Graziano, que imediatamente transmite a Francisco a boa nova.

– Que não era tão boa assim, não é? – interveio Maria. – São Francisco não gostava dos intelectuais...

Jorgedu sorriu e continuou:

– Mas Francisco, que desconfiava tanto dos intelectuais, dissera várias vezes que desejava que um religioso letrado entrasse na ordem e se despisse de toda a ciência acumulada. Que se entregasse nu ao Senhor. Que meditasse, na solidão, longe do mundo e de suas vaidades, de modo a que pudesse recolher a dispersão de sua alma e reformasse seu coração. Francisco previa que um tal intelectual sairia dessa experiência com uma força de leão e continuaria, a partir daí, a desenvolver seu intelecto de modo a fazer progressos ininterruptos. A ordem poderia então lhe confiar o ministério da Palavra. Antônio tinha feito exatamente esse caminho. Estava pronto para pregar a Palavra de Deus. Francisco o reconhece e lhe dá o título de "bispo", no sentido primeiro da palavra: autoridade teológica, aquele que invoca o Espírito Santo sobre os homens: a tradição diz que, ao ter conhecimento dos talentos de Antônio, Francisco teria exclamado: "Enfim, temos nosso bispo".

Novas viagens

– A partir de então Antônio pregou em muitos lugares – continuou o padrinho. – Nas diversas regiões da Itália, cada uma com sua língua regional, já que não havia ainda uma língua nacional, e na França. Tudo leva a crer, pois, que tinha ele o dom das línguas estrangeiras. Sua língua materna não será mais muito mais falada por ele. No entanto, todos os seus dons intelectuais não ofuscavam sua imensa humildade e sua modéstia. Nunca usou de seus talentos para impressionar o povo, ao contrário, sempre pregou adaptando sua linguagem à de sua audiência. Um dia Francisco pediu-lhe que ensinasse teologia aos irmãos franciscanos. Mas no mesmo momento rogou-lhe que cuidasse para que a ciência não diminuísse neles a piedade e a prática da oração. Há notícia de que ele teria até mesmo escrito uma carta a Antônio nesse sentido, mas a autenticidade dessa carta não está ainda comprovada. O conhecimento da teologia tornava-se fundamental aos pregadores porque a Igreja enfrentava nessa época um grande combate contra a heresia. E os cátaros e valdenses, principais grupos hereges de então, conheciam bem as Escrituras e usavam desse conhecimento para fundamentar suas crenças e buscar novos adeptos, impressionando a audiência com suas citações e ridicularizando os sacerdotes que não dispunham de grandes conhecimentos teológicos.

– Quem eram os cátaros? – quis saber Antônio.

– A palavra "cátaro" vem de uma palavra grega que quer dizer "puro" – explicou Jorgedu. – O que sabemos sobre eles advém em sua maior parte dos processos da Inquisição contra eles e é, portanto, sujeito a discussão, pois é parcial. Não temos documentos escritos por eles. De todo modo, considera-se que, de acordo com sua doutrina, surgida no fim do século XI, o mundo seria governado não por um Deus único e Todo-poderoso, mas por duas forças opostas e equivalentes, o Bem e o Mal, Deus e o Demônio. O corpo, assim como todo o mundo visível, seria obra do Mal e deveria ser, portanto, castigado, de modo a que a alma fosse liberada para o Bem. Assim, não aceitavam a Eucaristia, uma vez que não admitiam que Deus pudesse estar presente na matéria. No entanto, compartilhavam o pão em memória de Cristo. Liam a Bíblia, mas não reconheciam a natureza humana de Cristo. A paixão de Cristo não existira, pois ele não teria tido um corpo real. Cristo teria sido o enviado de Deus para indicar aos homens a maneira de libertar-se da matéria. A via da salvação era a recusa da violência e da mentira. Os cátaros baseavam-se no Novo Testamento, que interpretavam como sendo um apelo à libertação da alma do corpo, considerado como uma prisão. Consideravam o mundo como um inferno transitório, do qual os homens deviam escapar. Praticavam a castidade, pois acreditavam que ter filhos era aumentar o número de presas do demônio. Não comiam carne, jejuavam frequentemente e não aceitavam os cultos da igreja, embora rezassem o pai-nosso. Afastavam-se assim da doutrina da Igreja, que consideravam, além disso, corrompida e incapaz de promover a salvação dos homens. Os historiadores discutem hoje se essa doutrina seria uma dissensão da Igreja ou se seria mesmo uma outra religião. De qualquer forma, muitos cátaros tinham verdadeiramente um grande desejo de pureza e de perfeição e muitas vezes estiveram prontos para o martírio por sua fé. Era quase impossível convertê-los. São Bernardo, em 1145, não obtivera grandes frutos em sua empresa catequética. Os cátaros tinham uma grande instrução religiosa e frequentemente levavam a melhor nas discussões teológicas que travavam com religiosos pouco preparados intelectualmente. Intitulavam-se "homens bons". Eram trabalhadores e honestos. Seus pregadores intitulavam-se "os perfeitos". E acreditavam que os que morriam sem se tornarem "perfeitos" reencarnariam até terem condições de salvar-se. Tinham seus próprios ritos, como, por exemplo, o *consolamentum* ou imposição de mãos, que era ao mesmo tempo batismo, perdão dos pecados, extrema-unção e ordenação. E, sobretudo, praticavam o rito da *endure*, jejum completo e suicida que evitava, provocando a morte, que as pessoas voltassem a pecar.

– Que horror – comentou Antônio. – E os valdenses, quem eram?

– Os valdenses – respondeu Alessandra – eram os seguidores de Pedro Valdo, um comerciante de Lyon, na França, que, por volta de 1174, decidiu ler a Bíblia diretamente, numa tradução que encomendara. Certo de que a Igreja Católica falseava os ensinamentos bíblicos, desfez-se de seus bens e pôs-se a pregar sem ser padre e sem nenhuma autorização da Igreja, formando uma comunidade cujo nome derivou-se de seu sobrenome: os valdenses. De maneira geral, eles não eram contra os preceitos e valores da Igreja, mas apenas insubmissos a ela. Tanto que mais tarde ligaram-se ao protestantismo e assim existem até hoje, na Europa, nos Estados Unidos e na América do Sul, no Uruguai, por exemplo. Os valdenses eram modestos, trabalhadores, caridosos e conheciam a Bíblia.

— Um perigo para a Igreja — disse Maria.

— Um perigo para a unidade religiosa do catolicismo, pois essa era a preocupação da época — corrigiu Alessandra.

— Antônio será professor de teologia em Bolonha, no convento dos franciscanos, que admitia também auditores exteriores à ordem — retomou Jorgedu. — Dedica-se, então, mais e mais aos estudos. Faz questão de ater-se aos textos bíblicos e incita seus alunos a uma grande exigência com relação a esse ponto. Por outro lado, cuida ele de que a ciência teológica não se torne estéril e somente discursiva. Se ele estuda muito, reza também intensamente, jejua e usa continuamente seu cilício, a corda com nós que tem o objetivo de machucar a pele, utilizada pelos religiosos em suas mortificações.

— Meu Deus! — murmurou César.

— E persevera em sua pregação — continuou Jorgedu. — Em Bolonha e nas cidades em volta: Ferrara, Trieste, Milão e Verceuil. Anda sempre a pé, marchas imensas, apesar de sua saúde já precária. Prega aos grandes e aos pequenos. Seu conhecimento das Escrituras o fazem respeitado pelos grandes; mas aos pequenos fala ele com uma tal simplicidade — a simplicidade que só o verdadeiro conhecimento permite —, que rapidamente começa a ser conhecido como "o santo do povo". A tradição diz que, à medida que a multidão aumentava para ouvi-lo, sua voz, que era já clara e possante, aumentava de volume, como uma trombeta, de modo que todos podiam ouvi-lo. E milagres começam a ser-lhe atribuídos. Conta-se, por exemplo, que um dia, enquanto ele pregava, ouviu-se o pranto de um casal que ia enterrar o filho. Antônio levantou os olhos ao céu e depois se dirigiu aos carregadores, ordenando-lhes que levassem o rapaz de volta a casa, pois ele tinha ressuscitado. E continuou seu sermão, enquanto o casal e todos em volta bendiziam o Senhor que permitira tal milagre. Sua pregação é veemente, mas é também perpassada de bondade. Ao mesmo tempo em que dá provas de firmeza, mostra compaixão pelas fraquezas alheias. E insiste que seus ouvintes decidam-se a se confessar. Passava dias inteiros e às vezes até noites no confessionário, ouvindo e perdoando pecados, mas também aconselhando os fiéis.

França

Jorgedu fez uma pequena pausa, tomou um copo d'água e continuou:

– Em fins de 1224, Francisco decide enviar "seu bispo" à França, para pregar aos hereges. Com seu companheiro, Antônio se põe a caminho, sempre a pé, cantando salmos. Conforme a regra franciscana, não levam nem um tostão e devem mendigar suas refeições. Mas, durante todo o caminho, são bem recebidos pelo povo, menos em torno do rio Ródano, em Nîmes e em Avignon, regiões tomadas pela heresia. Chegam assim a seu destino, a cidade de Montpellier, que é fiel ao papa e onde se situa uma das mais antigas universidades da Europa. Antes de começar sua pregação, preparando-se e se familiarizando com o povo e a região, Antônio ministra cursos de teologia na universidade, cursos abertos a ouvintes externos. No início do ano seguinte, 1225, Antônio dirige-se às cidades tomadas pela heresia: Béziers, Narbonne, Carcassonne, Toulouse. Em Toulouse há, entretanto, um convento franciscano e Antônio pode pregar tranquilamente. Mas os heréticos são inamovíveis em seus erros. E apoiam sua recusa em seguir as diretrizes da Igreja no comportamento por vezes pouco recomendável de certos religiosos. Antônio não se conforma. Em seus sermões, feitos não só ao povo como também aos religiosos, procura mostrar como a conversão dos heréticos seria muito mais fácil se os padres e monges vivessem sempre segundo as regras da Igreja. Na primavera europeia desse mesmo ano, isto é, em abril ou maio, Antônio está mais uma vez na estrada. Dirige-se dessa vez ao centro da França, à cidade de Puy en Velay, onde acaba de ser nomeado "custódio", isto é, "guardião", superior do convento ali recentemente fundado.

– Por essa época os primeiros sintomas de sua doença começam a aparecer. As pernas incham, seu ventre pesa, o cansaço por vezes o desanima – intervém Alessandra.

– Seus biógrafos o descreveram como um superior dotado de uma grande doçura e ao mesmo tempo de uma grande firmeza – continuou o padrinho. – Entre os demais frades, pregava o amor à disciplina e a prática das virtudes evangélicas e lhes dava o exemplo. Em 30 de novembro desse mesmo ano ele está em Burges, num concílio nacional convocado pelo papa, visando a resolver antigos litígios entre nobres e a Igreja. Tinha sido convocado como superior de um convento franciscano, mas também como elemento moderador e como pregador. E cabe-lhe pronunciar o discurso de abertura do concílio. Ele aproveita para pregar também ao povo que vem escutá-lo, pois sua fama de pregador já corre mundo. No ano seguinte, 1226, estala mais uma guerra de religião, entre o rei da França, Luís VIII, que apoiava o papa, e os nobres do centro sul da França, que protegiam os hereges. Desde a primavera (abril, maio), Antônio andou de uma cidade a outra, tentando a pacificação das partes, cuidando dos diversos novos conventos franciscanos da região e fundando outros. Vai a Brive, a Limoges, a Montpellier, a Saint-Junien, a Châteauneuf-la-forêt. Por toda parte é bem recebido pelo povo. Ele fala os dialetos regionais e se comunica diretamente com as populações. Todos querem ouvir seus conselhos, pois ele tudo compreende e a todos acalma.

– As mulheres confiam-lhe seus problemas com seus maridos, e para tudo tem ele uma resposta adequada – interrompe Alessandra. – Ama também as crianças e diverte-se com elas. Finalmente, em 14 de setembro de 1226, dirige-se a Arles, onde pronuncia o discurso de abertura do Capítulo franciscano.

Jorgedu continuou:

– Nesse momento, enquanto a ordem franciscana se estende pela Europa e mesmo pela Ásia, Francisco, O Pobrezinho, está no fim de sua vida terrena. Muito fraco, já não pode mais andar, mas continua acompanhando em espírito seus irmãos. Alguns dias mais tarde, morre, aos 45 anos, no convento de Santa Maria dos Anjos, em Assis. O próximo Capítulo, marcado para a festa de Pentecostes, em 30 de maio de 1227, seria assim muito importante e para ele estavam naturalmente convocados todos os franciscanos, sobretudo os que ocupavam postos de liderança.

Volta à Itália

Alessandra tomou a palavra:

— Jorgedu, deixa eu contar a volta para a Itália. Você já deve estar cansado.

— Pois não, senhora — brincou o padrinho. — De fato, estou mesmo meio cansado.

E Alessandra principiou a contar:

— Antônio começa, pois, a concluir seu trabalho na França para voltar à Itália. Como sempre, faz o percurso a pé, passando por Marselha e por Roma, em direção a Assis. O Capítulo de maio de 1227 designou o sucessor de Francisco na liderança da ordem. Antônio recebeu a missão de dirigir, como ministro provincial, as regiões de Emília Romana, da Lombardia e do Vêneto, que constituíam uma só província religiosa, uma das maiores, mais ricas e belas. Deve ele dirigir espiritualmente praticamente toda a Itália do norte, compreendendo as cidades de Bolonha, Milão, Veneza, Ferrara, Mântova, Verona, Rimini, Udine, Trieste e Pádua. Por vezes, nessas cidades, em suas visitas de inspeção, é acolhido carinhosamente; por vezes, em regiões tomadas pelos heréticos, é até insultado. Tem cerca de 32 anos. A Itália se vê também dividida entre a autoridade do papa e a do imperador germânico, Frederico II, e lutas se travam entre os partidários de um e de outro, os guelfos, partidários do papa, e os gibelinos, partidários do imperador. Os franciscanos sempre se empenharam em acalmar tais lutas e sempre intervieram procurando proteger os mais fracos. Sua doçura e seu espírito de justiça os faziam respeitados por ambos os lados, assim como pelos hereges, sobretudo os cátaros, que reconheciam sua honestidade. Antônio visita as cidades de sua província e prega tanto nas igrejas quanto nas praças, tanto aos nobres quanto ao povo, sofrendo as tentações que lhe oferecem os cátaros e outros hereges. Em Roma, prega diante dos cardeais e do próprio papa, que, maravilhado com sua sabedoria e sua erudição, chama-o de "Arca do Testamento", isto é, repositório do Antigo e do Novo Testamentos. Segundo a tradição teria ele até, por ordem do superior-geral, ido pregar em Florença no Advento e na Quaresma.

O testamento de Francisco

Jorgedu parecia ansioso por retomar a palavra. Ele gostava muito de contar histórias. E como bom advogado, quando começava a pintar um personagem, queria ir até o fim. Assim, quando Alessandra terminou a última frase, ele pediu:

– Querida, deixa eu terminar a história!
– Pois não – aquiesceu ela.

E ele retomou a narração:

— Antônio pede licença à ordem para estabelecer-se em Pádua, cidade mais central que Bolonha, sede da província. É também nessa cidade que ele encontrará o padre Lucas Belludi, que será seu fiel companheiro até o fim de sua vida. Em 1230, no Capítulo geral da ordem celebrado em 25 de maio, na véspera de Pentecostes, em Assis, mais uma vez os Irmãos Menores discutem a regra da ordem. Agora, depois da morte de Francisco, trata-se de discutir a interpretação e a aplicação de seu testamento. Alguns frades pensam que é necessário alterar a regra, tornando-a menos dura; outros, dentre os quais Antônio, pensam que é necessário mantê-la tal como a organizara seu criador. O superior-geral, que, juntamente com Antônio, não tinha conseguido que a assembleia chegasse a uma conclusão, decide submeter a questão ao papa. Antônio e Frei Elias, representantes das duas correntes opostas, são nomeados para representá-las em Roma. O papa decide em favor da posição defendida por Antônio: a pobreza continuará a ser a dominante dos franciscanos. E impressionado pelo saber e pelo caráter de Antônio, ele desejaria mantê-lo em Roma, junto a si. Mas Antônio prefere um posto de menor exposição e escolhe voltar a sua província. Por outro lado, sua doença, a essa altura, já está caracterizada, ao menos pelos sintomas. Sofre ele de hidropisia ou retenção de líquidos no abdome. Por isso parece gordo sob o hábito e tem o rosto arredondado, o que lhe dá uma falsa impressão de juventude.

– Mas que é que ele tinha afinal? – perguntou Maria.

– Não sabemos. Podia ser algo nos rins, no fígado, no coração. Não se ficou sabendo a natureza da doença, só se conheceram seus sintomas – respondeu Alessandra.

Em Pádua

Jorgedu continuou:

– Antes de partir para Roma, Antônio tinha pedido ao Capítulo que lhe permitisse abandonar o cargo de provincial e todas as tarefas administrativas e políticas conexas, de modo a que ele pudesse, ao voltar, dedicar-se às tarefas para as quais se sentia chamado, ou seja, a evangelização e a confissão. Pedira também licença para residir em Pádua e não em Bolonha. Ambos os pedidos foram aceitos. De volta a Pádua, no inverno seguinte, Antônio dita a Lucas seus sermões, a pedido do cardeal Conti, protetor da ordem e futuro Papa Alexandre IV. Ele sabe não ter mais muito tempo de vida. Entretanto, suspende esse trabalho para dedicar-se aos sermões da Quaresma, que, nesse ano de 1231, começou em 6 de fevereiro. Apesar do frio, uma verdadeira multidão se formava para ouvi-lo. E, apesar de sua doença, Antônio prega e confessa durante horas, nas diversas igrejas da cidade. Todos querem tocá-lo e, para protegê-lo em sua saúde a cada dia mais precária, é preciso cercá-lo de homens fortes. Durante essa última Quaresma, mesmo doente, Antônio continua a trabalhar politicamente em favor dos mais fracos. Obtém ele uma grande vitória em favor dos pobres, ao conseguir das autoridades de Pádua, em 15 de março, uma lei relativa às prisões por dívidas, segundo a qual os devedores insolváveis, mas de boa fé, não poderiam mais ser presos. Além disso, seriam as autoridades e não os credores quem decidiria, daí em diante, sobre a boa-fé dos devedores. Tal lei explicita em seu texto ter sido promulgada a pedido do venerável Irmão, o Bem-Aventurado Antônio, confessor da Ordem dos Frades Menores. Em maio desse mesmo ano, à frente de um grupo de notáveis de Pádua, vai, desta vez sem sucesso, a Verona pedir ao senhor local a libertação de cidadãos paduanos presos em consequência das lutas entre as duas cidades. Em seus sermões, Antônio repreende os poderosos, os magistrados, os prelados e até os pregadores, incluindo-se também no rol dos que devem ser repreendidos publicamente. Além de pregar, ouve confissões e visita doentes. E por todas essas ações, goza de enorme prestígio na cidade.

Camposampiero

Jorgedu estava visivelmente emocionado:

– Esgotado, logo depois da Quaresma, por volta de 19 de maio, retira-se Antônio para o campo, para a ermida franciscana de Camposampiero, perto de Pádua. É nessa localidade que encontra uma nogueira, uma árvore imensa, cujos ramos protegem do calor do sol e que usará como abrigo. Por causa de sua doença, Antônio precisa fugir do calor, que aumenta seu sofrimento. Pede então ao Conde Tiso, protetor da Ordem dos Franciscanos, que lhe sejam construídas três cabanas. Duas ao pé da árvore, para os irmãos Lucas e Rogério, o superior da ermida. A terceira no alto da nogueira, à qual se deve aceder por uma pequena escada, para si mesmo. Assim, no seio da grande árvore, Antônio se sente aliviado durante os dias do forte verão de junho. Sua rotina de vida modifica-se: pela manhã, ele assiste à missa, toma as refeições junto com os outros irmãos, na ermida, onde à noite se recolhe, mas passa o dia na cabana no alto da grande e frondosa árvore. Ele já respira com dificuldade e não consegue dormir.

Pintura que retrata Santo Antônio pregando no alto da nogueira. Santuário da Nogueira, Camposampiero, Pádua, Itália.

De volta a Pádua

O narrador respirou fundo, tomou um gole d'água e prosseguiu:

– Conta a tradição que, no dia 13 de junho de 1231, uma sexta-feira, Antônio teve de ser alçado a sua cabana na árvore. Suas forças o abandonavam, não podia mais subir sozinho. Quando desce, ainda pela manhã, não pode mais andar. Os frades o deitam, mas ele pede para ser conduzido de volta a Pádua, a seu convento. A contragosto, os irmãos fazem sua vontade e o transportam numa carroça forrada de palha, puxada por bois, por longos 16 km. Os freis Lucas e Rogério o acompanham, assim como o Conde Tiso e alguns camponeses. Pouco antes de chegarem à cidade, decidem parar num convento chamado da Arcella, de maneira a fazer descansar o doente. Antônio está realmente muito mal e pede que frei Lucas ouça sua confissão. Após receber a absolvição, parece retomar as forças e começa até a cantar, com sua voz poderosa, em honra de Nossa Senhora. Frei Lucas lhe dá a extrema-unção e ele adormece. Frei Lucas permanece a seu lado. Mais ou menos às 8 da noite, acorda. E pouco depois, morre tranquilamente. Não tem ainda 40 anos. Os frades querem manter sua morte em segredo, pois temem que o povo invada o convento, na tentativa de tocar seu corpo. Mas as crianças espalham a notícia, correndo pelas ruas e gritando: "Morreu o santo, morreu o santo". Assim, imediatamente após sua morte, sua santidade foi proclamada pelo povo.

– Comovente – comentou Maria.

– Mas o que era, nesse tempo, um santo? – perguntou Jorgedu para retomar a narração. – Por que uma pessoa era reconhecida como santa?

– Por suas obras, claro – respondeu César. – Por sua vida!

– Certamente – concordou seu pai. – O povo reconhece os santos por sua vida e seus milagres. E até o papado de Alexandre III (1159-1181), a santidade de uma pessoa era proclamada pelo povo. No início do cristianismo, os santos eram os mártires. Na alta Idade Média, foi o monge do deserto, que fugia das tentações do mundo. Em seguida, o conceito de santidade encarnou-se nos reis, nos nobres e nos bispos, autoridades que deveriam dar o exemplo. Mas, a partir dos séculos XII e XIII, o critério de santidade passou a ser a "imitação do Cristo", e a santidade deveria ser proclamada pela Igreja. Santo era quem seguia nu ao Cristo nu. Era aquele que realizava os ideais da via apostólica e da perfeição evangélica. A santidade havia-se interiorizado e dependia menos de milagres que da observância de uma vida espiritualizada e muito frequentemente das visões que tinha o sujeito e de sua palavra inspirada. Por outro lado, o Papa Alexandre III declara que só a Santa Sé poderia decidir quem era ou não santo, através do processo de canonização, e que a perfeição só podia ser proclamada pela Igreja. Mas o povo continuou a reconhecer seus santos. No caso de Antônio, reconhecido já em vida como santo, começa uma verdadeira batalha entre os habitantes de Capo--di-Ponte, o vilarejo onde se localiza o convento da Arcella, e os paduanos pelo direito de enterrar o corpo. Os primeiros pensam que Antônio deve ser enterrado ali, no lugar de sua morte. Os paduanos, ao contrário, pensam que se deve cumprir a vontade do santo, que teria querido morrer em Pádua e ali ser enterrado. Os dois partidos chegam a armar-se e, finalmente, os paduanos conquistam "seu santo". O funeral de Antônio foi descrito minuciosamente por cronistas da época. Com medo de que o corpo fosse roubado e também para protegê-lo de uma decomposição rápida demais – fazia muito calor no verão italiano –, os frades puseram-no num caixão que enterraram no porão do convento, mais fresco, sob uma fina camada de terra. Na manhã do dia 17 de junho de 1231 – cinco dias após a morte –, foi o caixão desenterrado e levado nos ombros dos cidadãos até a igreja de Santa Maria Mãe do Senhor, dentro de Pádua, num cortejo que incluía o clero, representantes das universidades, a nobreza, todas as confrarias, os exércitos, o povo das cidades, dos campos e das regiões vizinhas. A tradição conta que do caixão se desprendia um perfume que todos sentiam, o que constituía, naquela época, uma prova de santidade (o chamado "odor da santidade"). Depois da missa solene, o corpo foi encerrado num sarcófago de pedra e sepultado, tendo sido feita uma ata da cerimônia a fim de que não pairasse nenhuma dúvida sobre a identidade do corpo que ali se encontrava.

Canonização

Jorgedu já não parecia mais cansado. Ao contrário, havia recobrado seu entusiasmo natural:

– Pressionado pelo povo, pelo clero e pelas autoridades, apenas um mês depois da morte de Antônio, o bispo de Pádua envia ao papa um pedido solene de canonização de Antônio. O papa, Gregório IX, era o antigo cardeal Hugolino, amigo dos franciscanos, o mesmo que havia considerado Antônio como uma "Arca do Testamento". Nomeia ele então duas comissões de inquérito para avaliação do pedido: uma em Pádua, coordenada pelo bispo Jacques Corrado, outra em Roma, presidida pelo arcebispo de Besançon, na França,

Jean d'Abbeville. Nenhum franciscano fazia parte delas. Durante seis meses as comissões trabalham e, ao fim desse prazo, opinam pela canonização. A vida de Fernando Antônio tinha sido percorrida pelas autoridades eclesiásticas e 44 milagres recenseados. No entanto, um cardeal se opõe, estimando que o processo teria andado rápido demais, contrariamente ao costume. Não estaria a Igreja se deixando levar pela vontade do povo? Apenas oito meses se tinham passado desde a morte de Antônio! O papa acata a objeção e ordena o reinício do inquérito. Uma noite, esse cardeal tem um sonho. Ele está ao lado do papa, que, solenemente, vai consagrar uma nova igreja e, no momento da consagração, pergunta que relíquias devem ser postas sob o altar. Mas nenhuma relíquia fora prevista. Ao mesmo tempo está chegando à igreja um cortejo que traz um corpo coberto por uma mortalha. O papa ordena então que se retirem desse corpo algumas relíquias para o altar. Os cardeais que o cercam objetam que se trata de um desconhecido, não de um santo. O papa ordena então que descubram seu rosto. E assim que o corpo é descoberto, a igreja é invadida pelo mesmo perfume que exalava do corpo de Antônio, por ocasião de sua exumação e de seu funeral. Ao acordar, o cardeal conta a todos seu sonho e declara que, a partir de então, será o primeiro a apressar o processo de canonização de Antônio. De fato o processo se acelera e o papa fixa a cerimônia de canonização para o dia de Pentecostes, 30 de maio de 1232, em Spoleto, quando são lidos seus 44 milagres confirmados. Sua festa é fixada no dia 13 de junho, dia de sua morte. Sua canonização é anunciada à Igreja por duas bulas, quer dizer, dois pronunciamentos do papa, de 1º e 23 de junho do mesmo ano, onze meses após sua morte.

Relíquias

Jorgedu continuou:
– A partir de 1232 começou a construção da Basílica de Santo Antônio, em Pádua, a partir da pequena igreja de Santa Maria Mãe de Deus. Em 8 de abril de 1263, 32 anos após a morte de Antônio, no primeiro domingo depois da Páscoa, o senado de Pádua decide transportar seus restos mortais num mausoléu provisório, para a parte já construída da nova igreja. O caixão é aberto e, evidentemente, do corpo só restam os ossos. Mas eis que, sobre o maxilar inferior, vê-se, intacta, a língua de Antônio. O ministro-geral da Ordem dos Franciscanos, que não é outro senão o futuro São Boaventura, toma a língua entre as mãos e a deposita num vaso de cristal, exclamando:

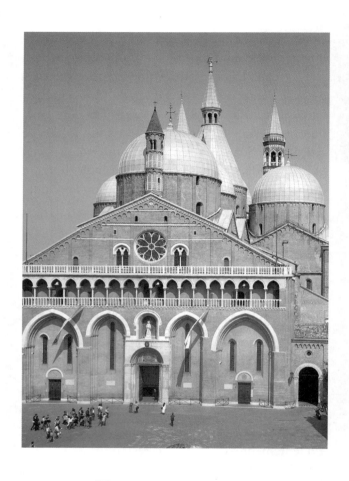

Vista externa da Basílica
de Santo Antônio, em Pádua, Itália.

"Ó língua bendita, que sempre bendisse o Senhor e o fez bendizer por outros, neste momento se manifestam, diante de todos, os grandes méritos que adquiriste diante de Deus". Faz-se em seguida uma ata dos acontecimentos, que é assinada por numerosas testemunhas. Uma parte dos ossos é conservada na igreja, outra parte é distribuída por diversas igrejas em diversos países. Ainda hoje, sete séculos depois, pode-se ainda contemplar essa língua. Em 1943, durante a II Guerra Mundial, Pádua foi duramente bombardeada. Para proteger essa relíquia, os frades da basílica a depositaram numa caixa de vidro com uma ata assinada pelo padre reitor da basílica e pelo padre provincial. Essa caixa, selada, foi posta dentro de outra, de amianto e, secretamente, enterrada no solo da basílica e coberta por uma camada de 20 cm de cimento armado. Dois anos depois, ela é desenterrada. Os restos mortais de Santo Antônio foram expostos de 31 de janeiro a 1º de março de 1981, e mais de 650 mil pessoas os visitaram. O esqueleto foi recomposto e colocado numa urna de cristal, dentro de uma caixa de carvalho, posta sob o altar da capela de Santo Antônio. Algumas peças, em particular sua túnica e os restos de seu aparelho vocal, estão expostas na Capela das Relíquias, também chamada do Tesouro.

E Jorgedu sorriu para os três, mostrando que a história estava terminada.

– Muito interessante, papai – disse César.

– Também gostei – aplaudiu Maria.

– Bonita história sim. Gostei de meu santo. E por que ele carrega o menino Jesus nos braços? – perguntou Antônio ao padrinho.

– Porque na tradição a história de Santo Antônio está, sobretudo, ligada a uma aparição do Menino Jesus – respondeu Jorgedu. – É uma história bonita, que fala muito não só sobre Santo Antônio, mas principalmente sobre a maneira como sua época considerou a bondade dele.

– Conta, vai! – pediu Maria.

– Essa história merece uma outra conversa, mas eu agora estou realmente cansado. Se vocês quiserem voltar amanhã…

– Voltaremos, claro – disseram os três quase ao mesmo tempo.

– Maria e Antônio, esperem que vamos levar vocês em casa, pois não é mais hora para vocês andarem sozinhos pelo centro da cidade – disse Alessandra.

E se levantaram todos.

3
A imagem de Santo Antônio

No dia seguinte, à mesma hora, estavam todos em torno da mesa do escritório do padrinho.

Depois que todos se serviram do suco de laranja que Alessandra tinha deixado pronto na beira da mesa de tampo de vidro, ela tomou a palavra.

– Estive relendo um livro sobre Santo Antônio e aprendi uma coisa muito interessante. Entre sua imagem tradicional e a reconstrução científica feita em 1981, a partir de seus restos mortais, há muitas diferenças. *A Vita prima* ou *Assidua*, sua primeira biografia franciscana, diz que ele era naturalmente corpulento. Mas era um homem doente, como sabemos. Outra biografia, conhecida como Raymundina, já interpreta essa corpulência como sendo o resultado da hidropisia, quer dizer, já precisa ao menos um dos sintomas de sua doença. A análise de seus restos mortais, feita em 1981, determinou que ele era um homem alto para sua época, pois media 1,71m, quando a média de altura dos homens variava entre 1,62 e 1,65m. Sua cabeça era alongada e seu crânio, grande. Seu rosto não era arredondado, mas estreito e longo. O queixo era pronunciado, alto e levemente quadrado. O nariz era aquilino, os olhos grandes e profundos, os cabelos negros. Um perfil fino, enfim. E nos seus últimos tempos, suas faces mostravam-se encovadas. Há mesmo uma estátua feita a partir dessa reconstrução e que é muito diferente da imagem tradicionalmente difundida. Sua dentadura era sadia e regular. À época da análise de seus restos mortais, todos os seus dentes estavam em bom estado, salvo um início de cárie, e essa saúde dentária poderia ser explicada pelo regime que seguia, de pouca carne e muitas verduras. Suas mãos eram longas, seus dedos fuselados e suas pernas fortes, com certeza por força das intensas e constantes caminhadas, embora seus joelhos mostrassem as marcas do tempo que passou rezando ajoelhado. Tratava-se, enfim, de um belo homem, nada a ver com a figura do frade baixinho e gordinho que certas imagens nos dão.

– E que era a imagem que eu tinha dele – disse Maria.

– Por outro lado – continuou Alessandra –, de fato parece que ele não se preocupava com a própria saúde. E devia ter tido uma compleição forte, pois, caso contrário, não teria resistido tanto tempo à vida que levou, de penitências extenuantes, de marchas intensas – os franciscanos, como vimos, só viajavam a pé –, de predicação constante.

– Mas ele acabou morrendo antes dos 40 anos – disse César.

– Se considerarmos que, além de tudo, houve a doença em Marrocos, ele teve de contar com seu capital de saúde para resistir tanto – interveio Jorgedu.

– Sua voz – retomou Alessandra – é louvada por seus biógrafos, que a definiram como maravilhosa, forte, calma, melodiosa e sonora, ricamente modulada. Sua elocução era clara e agradável. Antônio podia falar com doçura e com severidade, suave ou gravemente. Quanto a sua prática, quer dizer, a sua pregação, era ela adaptada a cada público. Antônio era erudito, mas didático, e seu saber se manifestava justamente na simplicidade com que expunha a doutrina. E além de tudo, num momento em que a heresia arrebanhava seguidores decepcionados com a vivência do clero, a palavra de Antônio produzia ainda mais efeito, porque sua vida condizia com suas palavras.

– Ele era coerente, é isso? – perguntou Antônio.

– Isso – confirmou Alessandra. – Não havia diferença entre suas palavras e suas ações. Ele pregava por palavras mas também pelo exemplo.

Instruído como poucos em seu tempo, ele mostrava-se simples e acessível a todos. Os franciscanos defendiam a paz social, quer dizer, embora estivessem sempre ao lado dos pobres e dos oprimidos, defendiam a concórdia social, procurando a todo custo evitar revoltas e revoluções, intercedendo junto aos poderosos em favor dos mais fracos. Nesse movimento, em seus contatos pessoais, Santo Antônio falava segundo o entendimento de seu interlocutor, de modo a ser compreendido por todos. Seus contemporâneos o descreveram como humilde no exercício da autoridade – lembrem-se de que ele foi superior de convento e, além disso, figura pública respeitada nas cidades em que viveu –, severo na correção, prudente durante as conversas, gentil e delicado com seus iguais, quer dizer, os outros frades, respeitoso para com seus superiores, cortês e doce para com os inferiores.

– Gostaria de conhecer um homem assim – disse César.

Jorgedu abriu o computador:

– Vejam – disse ele –, aqui temos várias imagens de Santo Antônio. Nós sabemos que as imagens são idealizações, são cristalizações de valores. Observem que ele é representado sempre como um jovem, o que, na Idade Média, remete à pureza, à abertura ao mundo, ao personagem ideal, ao herói.

Ele traja sempre, evidentemente, o hábito de franciscano, quase sempre marrom, mas às vezes também cinzento, o que o liga a sua ordem. Em quase todas as imagens aparece o Menino. Mas cada uma das imagens apresenta também outros objetos.

– A grande cruz, como na imagem que você me deu – começou Antônio.

– O livro, que também está na imagem que você deu a Antônio – continuou Maria.

– E as flores, em quase todas as imagens – observou César.

– Não são flores, de maneira geral... – corrigiu Jorgedu. – Santo Antônio é muito frequentemente representado com um lírio ou um ramo de lírios nas mãos.

– E às vezes ele traz também um pão entre as mãos – acrescentou Alessandra.

– Além do Menino Jesus, cada um desses elementos remete a um aspecto da vida do santo – começou Jorgedu –, remete a uma lembrança, a uma informação.

– Ou a um valor, não é? – interveio Alessandra.

– Isso mesmo, a um aspecto de sua biografia, a uma história considerada básica para a compreensão de sua personalidade ou a um valor moral.

– O livro, é fácil de compreender... – disse Maria. – Ele era doutor, respeitado intelectualmente.

— A cruz também, claro — disse Antônio. — Ele era cristão, e o lírio deve representar a pureza, não é?

— Falta a história do pão e a do Menino Jesus — concluiu César.

Jorgedu sorriu e fez um jeito solene, bem seu:

— Está tudo muito certo, meus jovens, tudo muito certo, mas a história não é tão simples assim. Ou melhor, as histórias são mais complexas, contêm mais sentidos. E ainda bem!

— Vamos então a elas — pediu Alessandra.

Santo Antônio e o Menino Jesus

Jorgedu respirou fundo e disse:

— A imagem de Santo Antônio e o Menino remete a um de seus principais milagres. A tradição não situa com certeza nem quando nem onde se deu essa aparição. Segundo uma versão, a aparição do Menino Jesus a Antônio deu-se no Châteauneuf-la Fôret, perto da cidade de Limoges, na França, no início da primavera de 1226. Antônio é o superior do convento dos franciscanos de Puy en Velay e anda pelo centro sul da França lutando com as armas da palavra e da doçura contra a heresia. Em Limoges, o senhor de Châteauneuf-la Fôret tinha ouvido seus sermões, que lhe tinham feito muito bem. E a cada vez que o monge passava pela região, o senhor ia ouvi--lo e pedir-lhe conselhos. Certa vez, convidou-o para uma pequena estada em seu castelo, e Antônio aceitou. Seus superiores tinham-lhe pedido que escrevesse seus sermões para o uso de outros padres e ali no castelo, longe da multidão que ia ao convento solicitar sua atenção, ele poderia escrever. Uma noite, o senhor tinha acabado suas orações num pequeno cômodo que reservava para esse fim e dirigia-se para seus aposentos, quando passou diante da porta do quarto onde estava Antônio. Esperava perceber, sob a porta do frade, o lusco-fusco da vela à luz da qual o frade escrevia. Qual não foi sua surpresa, ao ver, passando sob a porta do frade, uma luminosidade intensa. Ao mesmo tempo ouvia ele uma voz de criança! O senhor pensou imediatamente que um de seus servos entrara no castelo com um filho pequeno para pedir um conselho a Antônio. E sem solicitar sua permissão! Mas àquela hora? Quem teria tido tamanha audácia? O senhor abaixou-se um pouco e espiou pelo buraco da fechadura. E que viu ele? Antônio estava sentado diante da pequena mesa posta a sua disposição. Sobre esta brilhava uma vela e, do outro lado, estava uma folha de papel, a pena de junco e dois livros, um dos quais parecia ser a Bíblia. E sobre um dos livros... estava uma criança pequena que irradiava luz. Iluminado, Antônio brincava com a criança, fazendo-a ficar de pé apoiada em seus dedos, apoiando-se ora sobre um, ora sobre o outro livro. A criança ria de prazer. De repente, ela puxou a orelha do sacerdote levando-a até sua boca, como se estivesse dizendo-lhe um segredo. O senhor piscou os olhos de espanto e subitamente a visão desapareceu. Antônio estava sozinho diante de sua mesa de trabalho, à luz da vela. O senhor ajoelhou-se. Então, a porta se abriu e o frade apareceu. O senhor perguntou-lhe o que a criança lhe dissera. Antônio deu-lhe a mão e o ajudou a levantar-se. E disse-lhe que a criança lhe revelara que a linhagem do senhor seria grande e próspera enquanto ele permanecesse fiel à Igreja, mas que se extinguiria se ele aderisse à heresia que grassava na região. E pediu-lhe que não contasse a ninguém a visão que tivera pela graça de Deus, ao menos até a morte dele, Antônio.

– Que a história é bonita, é – disse Maria.

– Outra versão – continuou Jorgedu – situa a aparição do Menino Jesus em Camposampiero, quando Antônio, já muito fraco e sofrendo por conta do calor de junho, se refugiava durante o dia na cabana mandada construir por seu amigo, o Conde Tiso, entre os galhos da grande nogueira.

Lá ficava ele consultando a Bíblia, estudando sempre, até que, com o frescor da tarde, descia para partilhar a refeição com os demais frades e recolher-se a sua cela. Ora, numa noite de insônia, o Conde Tiso, cujo castelo, como vimos, ficava perto do convento, sai para dar uma volta. Ao passar perto do convento, eis que percebe um clarão vindo da janela da cela de Antônio. Curioso, o conde se aproxima e olha pela janela. E o que vê ele? Antônio está sentado sobre seu catre, a Bíblia aberta sobre os joelhos. E sobre ela está uma criança de colo, bela e como que vestida de luz. Antônio brinca com a criança como um pai que brincasse com seu filhinho. E este reage como uma criança pequena no colo de seu pai, pendurando-se ao pescoço do monge e abraçando-o. Antônio parece estar em êxtase. O Conde Tiso compreende estar diante do Menino Jesus. Subitamente Antônio se sente observado. A visão desaparece. E ele chama o conde e confirma que se tratava realmente do Menino Jesus, mas proibe-o de contar o acontecido a quem quer que seja antes de sua morte. O Conde Tiso promete guardar o segredo e, de fato, só o revela depois da morte de Antônio.

– Duas versões muito diferentes – comentou César. – Qual será a verdadeira?

– Hum, eu ficaria com a do Conde Tiso – disse Antônio, rindo. – O Menino Jesus prometer uma grande linhagem ao Senhor, em troca de apoio à Igreja, me parece muito "pouco católico"...

– Não importa qual é a "boa" versão – replicou Jorgedu. – O importante, ao ouvirmos a tradição, é, como já lhes disse, percebermos seu sentido. A primeira é uma versão engajada na luta da Igreja contra a heresia. A segunda é mais centrada na figura do santo. Na opinião de vocês, que características de Antônio estão sendo evidenciadas nessa história?

– A doçura – respondeu Maria. – O Menino Jesus é o símbolo da doçura.

– A doçura sim – retomou o padrinho. – Mas observem que o Menino Jesus aparece num momento em que Antônio está escrevendo seus sermões. Numa e noutra versão, trata-se de um escritor, de um intelectual que recebe a visita do Menino Jesus, que é o símbolo da doçura, mas também do despojamento. Podemos supor que ambas as versões da história querem associar a inteligência e o despojamento, a luz do saber e a humildade.

– Como queria São Francisco, não é? – disse Antônio.

— Exatamente — concluiu Jorgedu. — Como queria Francisco que fossem os intelectuais de sua ordem, ele que desconfiava tanto da ciência, que poderia tornar os frades orgulhosos e arrogantes. Assim, as representações de Santo Antônio podem ter elementos diferentes, mas contam sempre com o Menino Jesus. Porque Antônio foi sim um intelectual, um intérprete da Bíblia, um pregador; mas sem perder a humildade, a sensibilidade para as coisas simples, naturais. A presença do Menino quer mostrar a intimidade de Antônio com Deus em sua humanidade.

— São Francisco — continuou ele —, embora tivesse uma particular devoção à imagem do presépio, recebeu a visão de Cristo crucificado. Santo Antônio recebeu a visita, em forma de visão, de Cristo menino, feliz, brincalhão, vivenciando a alegria tão cara aos franciscanos, os frades que tanto prezam das coisas do mundo, todas criaturas de Deus. Por outro lado, o Menino Jesus é também a representação do novo, do milagre da vida que se faz todo dia, que se renova cada dia, em cada criança. A ciência de Antônio não o cegou para o mundo. Ao contrário, abriu-lhe mais os olhos para ver o mundo que se desdobra a cada dia diante dos homens pela graça de Deus. Sobretudo, Antônio deixou-se sempre ficar nas mãos de Deus como uma criança que brinca com outra, como uma criança que brinca com o Menino Deus. A partir do momento em que teve de voltar de Marrocos por conta de sua saúde frágil, nunca mais fez planos: entregou-se à Providência Divina. Foi ela que o levou à Sicília, foi ela, através de um de seus irmãos, que o designou a Monte São Paulo, foi ainda ela que o revelou em Forli, como pregador, e decidiu de sua vida como superior de conventos e missionário. Ele nunca mais desejou nada. Entregou-se como uma criança se entrega aos braços do Pai. E conservou ele sempre seus olhos de criança, olhos sempre novos para ver o mundo sempre novo, como um presente de Deus.

– Um presente de Natal – concluiu Antônio.

O pão de Santo Antônio

– Agora, a história do pão – pediu Alessandra.

– Mamãe conta que, quando era pequena, em Niterói, às terças-feiras a igreja dos franciscanos benzia pãezinhos e os distribuía aos fiéis – disse Maria.

– De fato, esse era um costume muito difundido algum tempo atrás e que ainda persiste em algumas paróquias – disse Jorgedu. – Há três versões para a origem da associação dos pães a Santo

Antônio. A primeira remete a um dos milagres do Santo. Conta-se que certa vez Antônio distribuíra entre os pobres todo o pão do convento. E que, na hora da refeição, o frade padeiro desesperou-se por não ter nenhum pão para servir aos irmãos e dirigiu-se a Antônio para comunicar-lhe o fato. Antônio acalmou-o e pediu-lhe que verificasse novamente se não tinha sobrado realmente nada. Quando o frade chegou à cozinha, o cesto transbordava de pães, que foram suficientes para alimentar não só os frades, como todos os mendigos que por ali passaram pedindo alimento.

– Bem parecida com a história da multiplicação dos pães e dos peixes, do Evangelho, não é? – observou Maria.

– E certamente inspirada por ela – confirmou Jorgedu. – A história que vou contar agora já é contemporânea da construção da Basílica de Santo Antônio, em Pádua. Como sempre acontece com as histórias tradicionais, os detalhes variam de uma versão a outra. Mas, em essência, a história é a mesma. Uma mãe deixou uma criança de 22 meses sozinha em casa. Quando voltou, a criança – chamada Tomasino – tinha se afogado. Numa bacia, segundo uma versão, num buraco cheio d'água, segundo outra. Diante do filho morto, a mãe entra em desespero e promete a Santo

Antônio dar aos pobres, se por milagre a criança voltar à vida, seu peso em pão. O pão, o alimento básico, o mais simples, o escolhido por Jesus para sua última refeição. E, por intercessão do santo, essa graça lhe é concedida. Nasce assim a instituição do Pão dos Pobres, junto com a Basílica de Santo Antônio. Os pais davam à Igreja o peso de seus filhos em pão, pedindo a Deus, por intermédio de Santo Antônio, que os conservasse em boa saúde. Ao longo dos séculos essa prática foi-se perdendo. Foi reavivada no fim do século XIX, em 12 de março de 1890, por uma padeira da cidade de Toulon, na França, que obteve uma graça de Santo Antônio. E é a terceira história: uma manhã, não conseguindo abrir a porta de seu estabelecimento, prometeu a Santo Antônio que, se conseguisse abrir sua porta sem precisar arrombá-la, daria certa quantidade de pão aos pobres. Conta-se que imediatamente sua chave girou na fechadura e a porta se abriu. Atualmente, a obra "O Pão dos Pobres" desenvolve-se através da obra assistencialista Caritas Antoniana. Não distribui mais pão, mas trabalha com projetos de assistência e desenvolvimento de populações carentes em todo o mundo.

– Gosto muito desse lado prático da religião – comentou César.

— Eu também — disse Maria. — Aliás, mamãe diz sempre que ação é oração.

Santo Antônio, a cruz e o livro

— A cruz enorme, conduzida como um estandarte, refere-se logicamente à atividade de Antônio como pregador no contexto do combate aos hereges — retomou Jorgedu.

— Mas, afinal, quem eram os hereges? — perguntou Antônio.

— Hereges eram aqueles que mantinham opiniões religiosas contrárias à doutrina da Igreja e que se recusavam a obedecer a Roma — retomou o padrinho. — Na Idade Média, foram eles os grandes inimigos internos do cristianismo. A Igreja usou de todos os meios e modos para convencê-los e subjugá-los. Foi para persegui-los que foram criados, justamente no século XIII, os tribunais especiais, chamados de Inquisição.

— Os hereges eram cristãos? — perguntou César.

— Eles se diziam cristãos, embora não fossem reconhecidos como tais pela Igreja — respondeu Jorgedu. — Eram, por exemplo, os cátaros e os valdenses, como já vimos. Na Idade Média, toda a Europa era cristã. Na religião cristã (ao contrário das duas outras religiões monoteístas, o judaísmo e o islamismo), o poder era – e é, até hoje – dividido entre o chamado "poder temporal", quer dizer, o poder sobre o mundo social, político e econômico, exercido por chefes leigos, isto é, não religiosos; e o "poder espiritual", exercido por chefes religiosos. Quer dizer, pelos reis, imperadores, senhores, de um lado; pelo papa, de outro. Essa distinção vem mesmo do Evangelho, em que se pode ler que Jesus ordenou que se desse "a César o que é de César e a Deus o que é de Deus". Nessa época, o cristianismo era um fator de união entre os diferentes povos e um traço de sua identidade comum. A partir do século XI e até o fim do século XIII, os cristãos organizaram expedições ao Oriente Médio, à então chamada Palestina, para reconquistar Jerusalém aos turcos. Essas iniciativas davam aos cristãos a ideia de formarem um mesmo corpo contra seus "inimigos", quer dizer, reforçava sua identidade de cristãos, diferentes dos infiéis. É nesse momento também que se institui a confissão, quer dizer, o poder de um sacerdote de perdoar os pecados confessados a ele, como representante de Deus. O poder do papa era imenso. Não apenas o papado recebia contribuições financeiras de todos os cristãos, mas ele tinha também uma certa autoridade sobre o "poder temporal".

Vários casos difíceis de julgar eram confiados aos tribunais eclesiásticos. Sobretudo os casamentos dependiam da aprovação religiosa e de suas leis, como, por exemplo, a que proibia casamentos num certo nível de consanguinidade. Essa lei, por exemplo, por vezes desagradava aos poderosos, que tinham assim de dividir suas propriedades ao casarem seus filhos fora da família. Se um poderoso desobedecesse à Igreja, o papa podia excomungá-lo, isto é, excluí-lo da comunhão dos santos, da téssera da Igreja, formada pelos vivos e pelos mortos. E por vezes essa pena era estendida a seus súditos. Nesse caso, naquele feudo ou reino, não poderia mais haver casamentos, confissões, comunhões ou extremas-unções. Havia nesse tempo um verdadeiro horror da heresia, palavra que em grego quer dizer "escolha sectária". Os que não se conformavam à ortodoxia, quer dizer, à doutrina justa, eram considerados heterodoxos, quer dizer, pessoas que tinham outra crença, diferente da "justa", eram culpadas de um duplo crime de lesa-majestade: ofendiam a majestade divina e também a majestade do poder, tanto religioso quanto leigo. No século XIII, os hereges se concentravam particularmente na Alemanha, na Itália do norte e no sul da França. Dentre eles, os mais famosos foram os cátaros, que se concentravam no sul da

França, na região das cidades de Toulouse e Albi. Por isso foram também chamados albigenses. Em 1208, o Papa Inocêncio III ordenou a cruzada contra os albigenses, que se prolongou por vinte anos. Entretanto, em 1215, Domingos de Gusmão, depois São Domingos, com seus sermões, conseguiu grande número de conversões e, para consolidá-las e conquistar outras, fundou a ordem "dos pregadores" ou dominicanos, instados ao constante aprimoramento intelectual. Entre 1224 e 1226, Antônio prega aos hereges, utilizando seu conhecimento do texto bíblico, mas também sua doçura e a simplicidade franciscana. Insere-se firmemente na cruzada contra a heresia, mas suas armas são a bondade, o exemplo e a palavra preparada pelo estudo paciente e iluminada pelo Espírito Santo.

– Daí o livro – concluiu Maria.

– Justamente – apoiou Jorgedu. – Daí a presença do livro em suas imagens. O livro que é, sobretudo, O Livro, a Bíblia, para ele, fonte de toda ciência. Vimos que Antônio tinha passado seus anos de formação entre os frades regrantes de Santo Agostinho – monges intelectuais que tinham como um de seus objetivos a conciliação entre a fé e a razão. Ordenara-se padre, o que correspondia, como vimos também, a um grau superior entre os frades. Quando se juntou aos Irmãos de

Francisco, levou à nova ordem uma bagagem intelectual de que ela tinha enorme necessidade. Essa foi sua contribuição à Ordem dos Irmãos Menores, que é como Francisco chamava sua instituição para ressaltar o princípio de humildade que devia norteá-la. A cruz e o livro constituem assim uma unidade. A ciência de Antônio está a serviço da salvação das almas, sobretudo das almas dos hereges, num espírito de cruzada.

Santo Antônio e a chama

— Passemos agora à chama — propôs Alessandra.

Jorgedu jogou o tema para a plateia:

— E vocês, como interpretam a presença da chama nas imagens de Santo Antônio?

— Como a representação do amor — respondeu César. — Santo Antônio demonstrou sempre um grande amor a Deus e aos homens.

— Muito bem — aprovou o pai. — Santo Antônio de fato mostrou-se sempre caridoso, amoroso de Deus e dos homens, e a caridade, a virtude maior entre todas, é de fato representada pelo fogo.

— Acho que a chama pode representar também a luta — opinou Antônio. — Santo Antônio viveu num momento em que havia, na verdade, pouca caridade entre os homens de modo geral. Pelo que vimos até agora, todos eram intransigentes, tanto os hereges quanto a Igreja pareciam querer impor a verdade de Deus por meios duros, de luta! E Santo Antônio foi contra isso. Quis converter os hereges pela palavra. Deve ter precisado de muita coragem, de muita força para se opor não só aos inimigos, aos hereges, como também, de certa forma, à estratégia principal da Igreja.

– Ele tinha uma imensa fé, que o amparava – interveio Alessandra. – A fé, o entusiasmo, é também representada pelo fogo, pela chama, o fogo que se anima e que se eleva.

– E não podemos esquecer a ciência e, sobretudo, a palavra – disse Maria. – Santo Antônio foi o intelectual que abraçou a pobreza, o despojamento, mas que continuou estudando e pregando. Estudou em todo lugar, desde as celas dos conventos até as portarias e em cima de árvores! Sua luta se deu pela palavra. Os apóstolos não receberam a ciência e o dom da palavra e das línguas estrangeiras através de línguas de fogo?

– Acho que vocês viram os diferentes aspectos da imagem da chama – concluiu Jorgedu. – De fato, o fogo é altamente simbólico e reúne muitos sentidos em sua imagem.

Santo Antônio carregando as Sagradas Escrituras e a chama. Ornamento de altar, do artista italiano Antonio Vivarini (1418-1491).

Santo Antônio e o lírio

— E agora, vamos às flores! — pediu Alessandra. — O lírio ou o ramo de lírios indica a pureza, não é?

— De fato, o primeiro sentido do lírio na imagística de Santo Antônio é a pureza, a castidade — respondeu Jorgedu. — E a pureza, nesse momento, está associada à abstinência sexual. Ao contrário do período greco-romano, em que o prazer sexual é um valor positivo, o cristianismo impõe à Idade Média uma outra visão da sexualidade e do prazer. O corpo é diabolizado, o prazer, sobretudo sexual, é fonte de pecado e a virgindade torna-se um ideal. No entanto, segundo alguns historiadores, essa compreensão do mundo já existia no império romano, nos séculos I e II. Mas foi o cristianismo que lhe deu uma justificativa, interpretando o pecado original como pecado sexual, como a própria sexualidade humana. E assim transformou uma tendência, que na antiguidade era minoritária, em norma, criando, inclusive um tipo de microssociedade exemplar assexuada — as comunidades monásticas. Começa também nesse momento o movimento de homens em direção ao deserto, na busca de pureza sexual mais que de solidão. Em busca de vitória sobre o corpo, na verdade. Esses anacoretas – monges solitários do deserto, como Santo Antão – privam-se voluntariamente não só de uma vida sexual, mas também de alimentação e das sensações ligadas ao conforto físico (frio ou calor, higiene corporal). Na Idade Média, havia uma grande diferença entre clérigos, quer dizer, os membros da Igreja, não necessariamente padres, e os leigos. E uma maneira de aprofundar essa diferença foi exatamente a instituição da obrigatoriedade do celibato – e da castidade – para os religiosos.

– Uma luta política, então – observou César.

– Uma luta política sim – respondeu seu pai –, mas não só isso. É preciso reparar que todo esse movimento de negação do corpo corresponde a uma luta interna, luta que visa a transformar o homem, a fazê-lo superar-se. A sociedade da Idade Média tem os guerreiros em grande conta. Nessa sociedade, entre os religiosos, que não podem participar de batalhas, o instinto de luta se desloca do exterior para o interior, e a maior luta passa a ser aquela que o homem trava consigo mesmo. Superar-se, ser um guerreiro espiritual passa a ser um objetivo existencial. O excesso de maneira geral, o descontrole, seja sexual ou de alimentação, a gula, a ebriedade, a luxúria, passam a ser considerados como fraquezas, e todas essas coisas são atribuídas aos pobres, aos iletrados, às pessoas do campo, que nesse momento eram desvalorizadas frente aos nobres guerreiros e aos religiosos. Santo Antônio é descrito como um jovem bonito e forte, que teve de resistir inúmeras vezes às tentações sexuais. A escolha de seu nome de franciscano nos diz, aliás, algo sobre isso. No momento em que ele escolhe um outro caminho para sua vida, no momento em que escolhe sair do conforto do convento dos agostinianos para entrar na vida de pobreza absoluta exigida por Francisco, toma ele o nome de monge do deserto – Antão, que é um derivado de Antônio. Vocês se lembram do quadro de Jeronymus Bosh, representando as "Tentações de Santo Antônio", que vimos no Museu de Arte Moderna de São Paulo no ano passado?

– Lembramos – respondeu Maria por todos.

– Pois esse quadro refere-se ao monge do deserto Antônio ou Antão, e não ao nosso Santo Antônio. Esse quadro interpreta a história segundo a qual o eremita Antão, que viveu no Egito, no século III, teria sofrido numerosos ataques do demônio, incitando-o ao prazer, sobretudo sexual. Mas, com a graça de Deus, Antão vence o demônio e as tentações.

– E quem contou a história de Santo Antão? – perguntou Antônio.

— Santo Atanásio, que foi bispo em Alexandria, no Egito, no século IV.

— E eu que pensava que se tratava do mesmo Santo Antônio... — comentou Maria.

— E eu que nunca tinha ouvido falar em Santo Atanásio... — murmurou César.

— A narrativa da tentação no deserto, aliás, retoma a narrativa das tentações do próprio Cristo, também no deserto — continuou Jorgedu. — Quem se lembra?

— Eu lembro — respondeu Maria. — Jesus foi levado ao deserto por Deus justamente para ser tentado pelo demônio. Durante quarenta dias ele jejuou e depois teve fome.

— Só depois de quarenta dias? — brincou César.

— César, não passe dos limites! — interveio severamente Jorgedu. — Continue, Maria.

— Então — continuou Maria —, o demônio apareceu e tentou-o de várias maneiras. Primeiro disse-lhe que, se ele fosse mesmo o Filho de Deus, que transformasse as pedras do deserto em pães. Jesus resistiu a fazer milagres a pedido do demônio e lhe respondeu que "nem só de pão vive o homem, mas sim de toda a palavra que sai da boca de Deus". Aí o demônio levou-o ao alto do templo de Jerusalém e novamente o desafiou a fazer milagres. Disse-lhe que, se ele fosse mesmo o Filho de Deus, poderia atirar-se lá de cima porque as pedras se afastariam para não feri-lo. Jesus mais uma vez resistiu e respondeu que estava escrito "Não tentarás a teu Deus". O demônio ainda insistiu. Levou Jesus ao alto de uma montanha, de onde se viam todos os reinos, e disse que lhe daria todo o mundo, se ele se ajoelhasse e o honrasse. E Jesus, então, disse-lhe: "Retire-se, Satanás, pois está escrito: 'Só ao Senhor teu Deus tu adorarás'". Diante disso, o demônio retirou-se e os anjos apareceram e serviram a Jesus.

– Muito bem, Maria! – aplaudiu o padrinho.

– Ateia, mas instruída – brincou César.

– Se a gente não souber o Evangelho, mamãe tem um troço – acrescentou Antônio. – Ela diz sempre que a fé é graça, dada por Deus, mas que a instrução religiosa é obrigação do homem.

– Das Dores é um exemplo pra mim – brincou Alessandra.

– Pois então, como eu dizia, a narrativa das tentações de Santo Antão tomam por base o Evangelho de São Mateus sobre as tentações de Jesus no deserto – retomou Jorgedu. – Há, no entanto, uma diferença. As tentações de Cristo são, sobretudo, tentações de poder. O demônio oferece-lhe o reino deste mundo. A única tentação referente ao corpo é a provocada pela fome. As tentações de Santo Antão, por outro lado, são todas tentações da carne, quer dizer, do corpo. O fato de Fernando Bulhões ter escolhido o nome de Antônio para iniciar sua vida de franciscano pode ser considerado então como revelador de sua luta contra esse tipo de tentações que, segundo seus biógrafos, foram muitas. O jovem Fernando é descrito como "um lírio que floresce". Como o lírio, flor que tem seus órgãos bem visíveis, ele sente os apelos sexuais de forma muito intensa. Como o lírio, ele se conserva firme em sua haste, combatendo firmemente o que considera como o apelo ao pecado.[1] Sua vitória é grande porque sua luta é enorme. A tradição preserva uma bela página a respeito do início dessa que será para ele uma luta constante. Diz ela que, um dia, Fernando está ajoelhado, rezando na catedral de Lisboa, quando subitamente tudo escurece em torno de si e, de todos os lados, advém um ruído surdo, seguido de gritos selvagens. Ao mesmo tempo, pensamentos o assaltam: "Que faz ele nessa igreja escura, sozinho? Por que não está ele ao sol, aproveitando a vida, com seus amigos?". Fernando tem o ímpeto de fugir. Mas, reconhecendo rapidamente que se trata de mais uma tentação do

---

[1] LEQUENNE, op. cit., p. 13.

demônio, consegue reunir todas as forças e traça com o dedo, na pedra do piso, o sinal da cruz. Imediatamente cessam os gritos e a igreja se ilumina. À força desse sinal, o demônio foge. Um cronista diz que o demônio tinha aparecido sob as aparências de um cão. Outro, que Satanás tomara o corpo de uma mulher de olhos de brasa... Uma outra história conta que Fernando, antes ainda de juntar-se aos agostinianos de Lisboa, tinha tido de enfrentar – e recusar – a tentação que lhe oferecia uma mulher...

– Seria essa a história representada na pintura em azulejos da igreja de Lisboa, Jorgedu? – interrompeu Alessandra.

– Talvez – respondeu o padrinho. – Bem lembrado. A tradição de fato atribui a Antônio um milagre que teria sido realizado ainda em Lisboa. E pode ser realmente que as duas histórias se refiram a um único acontecimento. As histórias tradicionais operam desse modo, fundindo acontecimentos diferentes. Enfim, o milagre é contado numa pintura em azulejos que está na capela onde Fernando de Bulhões foi batizado, na Sé de Lisboa. Mostra ela uma jovem com um cântaro na cabeça, conforme o uso português da época. Ela para diante de Fernando. O cântaro cai e se parte em mil pedaços. A moça chora. Fernando junta os pedaços e o cântaro se refaz, sem emendas aparentes. Seria essa história do cântaro partido a representação simbólica de uma virtude partida e depois refeita pela bondosa intervenção do religioso?[2]

— A representação da virtude como um vaso, um objeto que se parte, é um motivo comum na literatura — intervém Alessandra. — Vocês conhecem a peça do princípio do século XIX, *O vaso partido*, do alemão Kleist?

— Hum, não, mas vou procurar — disse Maria que se interessava por teatro. — Será que existe em português?

— Não sei — respondeu Alessandra —, li em francês. Vou procurar nas livrarias. Mas, se não houver tradução, podemos marcar um encontro e traduzo oralmente para você. É muito interessante.

Jorgedu retomou o fio da conversa:

— Será que as duas histórias sobre Santo Antônio se misturaram na tradição? A história da tentativa de sedução de Fernando por uma mulher e um milagre que lhe é atribuído, o de ter conseguido recuperar um objeto partido? Esse milagre, aliás, é contado de diferentes formas, como tendo sido realizado em diversos lugares, em momentos

---

[2] É a interpretação de Fernand Lequenne, op. cit., p. 15.

diferentes. Outro milagre de Antônio diz respeito também à tentação da carne, isto é, do sexo. Conta a tradição que uma vez foi ele procurado por um dos frades que não sabia mais como resistir às tentações. De nada lhe haviam servido os remédios preconizados pela ordem, isto é, oração, caminhadas, banhos de água fria e uso do cilício, que é uma espécie de corda áspera que os religiosos usam em contato com a pele da cintura justamente para machucá-la. Ele continuava atormentado e culpava-se, achando que não era digno de estar na comunidade dos Irmãos de Francisco. Antônio o acolhe bondosamente e vai logo lhe dizendo que ele não tem culpa de ser tentado. Todos os homens são tentados justamente por serem humanos. Vocês não se esqueçam de que, nessa época, o pecado original era assimilado à sexualidade, ao desejo sexual.

– Você já disse – interveio Antônio.

– Pois então – prosseguiu Jorgedu –, Antônio anima o jovem frade a perseverar em seus esforços. E lhe assegura que ele mesmo, Antônio, sofria tentações, mas que, com a graça de Deus, as vencia. E, assim dizendo, retira sua túnica e a entrega ao frade, dizendo-lhe que a vestisse sempre que se sentisse frágil diante do tentador, isto é, o demônio. Conta a tradição que o hábito de Antônio, juntamente com suas palavras, protegeu o jovem frade.

E Jorgedu sorriu e fez um pequeno silêncio, como para indicar que o capítulo estava encerrado.

– Que coisa! – disse Antônio, pensativo.

– Não sei nem o que dizer – completou César.

Mas Alessandra, que tinha ido à cozinha, voltava com um prato de sanduíches numa das mãos e um jarro de suco de laranja na outra, e passaram todos rapidamente a saborear a refeição.

Azulejo retratando Santo Antônio pregando aos peixes.

4
Milagres de Santo Antônio

Naquele dia o tempo estava feio e a chuva não ia demorar a cair.

Assim que chegaram, os meninos se acomodaram no grande sofá de couro diante da mesinha de centro, onde havia suco de laranja e biscoitinhos. Alessandra tinha trazido sua almofada de renda e sentou-se numa das duas confortáveis poltronas diante deles. Na outra se sentou Jorgedu. Como já estava bem escuro, os dois grandes abajures de um lado e outro do sofá estavam acesos, dando à sala uma atmosfera muito acolhedora.

— Vou contar hoje outros milagres de Santo Antônio — anunciou o padrinho. — Primeiro quero deixar claro que os milagres manifestam a santidade, mas não são a parte mais importante da vida de um santo. São eles a parte visível, digamos... espetacular de seu ministério. Espetacular no sentido do que aparece, pois é esse o sentido primeiro da palavra "espetáculo". Os milagres vão ao encontro do desejo que tem a multidão de ver "coisas extraordinárias". O principal da vida de Santo Antônio é seu exemplo de investimento na fé e suas palavras. Enfim, sua vida espiritual. Deus permitiu a realização de milagres por seu intermédio. Mas, sobretudo, sustentou-o na sua fé para que ele realizasse sua vontade. De 1228 até 1230, ano em que ele se fixa em Pádua, Antônio viaja por toda a província religiosa que estava a seu cargo, isto é, pelo norte e nordeste da Itália. Vai até as cidades do extremo nordeste, Údine, Gêmona, Trieste, Pola. Nem sempre foi ele bem recebido nessa região próxima da península dos Bálcãs, onde as heresias estavam muito desenvolvidas. Costumava pregar sentado nos galhos de uma árvore ou sobre um muro, de modo a poder melhor lançar sua voz a seus ouvintes. Mas os ouvintes dessa região eram difíceis. Conta-se que em Údine foi ele muito mal acolhido. Ao invés de suas palavras e de sua postura sobre as árvores provocarem ao menos curiosidade, causaram insultos. Antônio nunca experimentara tal rejeição em toda a sua vida de pregador. Então, possuído por uma ira santa, retirou-se e, saindo da cidade, sacudiu de suas sandálias a poeira, num gesto bíblico de repúdio. Conta-se que, impressionado, o povo finalmente abriu seu coração para as palavras do ministro de Cristo. Nessa época se fortalece sua fama de milagroso. Em cada caminho, em cada estrada teria ele realizado um milagre. Depois de sua morte, diante do verdadeiro clamor popular por sua canonização...

— O povo já o chamava de santo... — interrompeu Maria.

— Pois é — continuou Jorgedu —, a narração de seus milagres foi recolhida no que se chamou *Fioretti*, quer dizer, "pequenas flores", em italiano. São pequenas histórias e relatos de milagres, escritos em latim, no século XIII, primeiramente a propósito de Francisco e de seus seguidores e, depois, sobre a vida de Antônio.[1]

— E os milagres? Queremos ouvir os milagres — pediu Antônio.

— Vou contar, vou contar — respondeu Jorgedu. — Vou começar por alguns que se deram justamente nessa região norte, em que ele foi inicialmente tão mal acolhido. Conta-se que, ao sair de Údine, dirigiu-se ele a Gêmona.

— Olhem aqui no mapa a localização dessas cidades — disse Alessandra, estendendo-lhes um atlas geográfico aberto na página da Itália. — É um mapa dos dias de hoje, mas as cidades estão no mesmo lugar — brincou.

---

[1] Chamado também de o "Livro dos milagres", é a tradução de parte da Coleção Crônica dos XXIV Gerais, e foi escrito por Arnaldo de Serrano, em 1391.

– Pois então – continuou Jorgedu –, em Gêmona foi Antônio muito bem acolhido, aí fundando um convento. E é nessa ocasião que faz, segundo a tradição, outro de seus milagres. Conta-se que, dirigindo os trabalhos de construção do convento, viu ele um camponês conduzindo uma charrete puxada por bois. Antônio pediu-lhe o favor de trazer à obra certa quantidade de tijolos, armazenada não muito longe. O camponês, não querendo perder tempo, quer dizer, dar seu tempo à obra piedosa, mostrou-lhe seu filho que dormia sobre a charrete, dizendo-lhe: "Não posso, estou transportando um morto". Antônio não insistiu. O camponês afastou-se e, quando se viu fora das vistas do padre, tentou acordar o filho para rirem juntos.

– Não me diga que o rapaz estava morto mesmo! – indignou-se Maria. – Santo Antônio fez isso?

– Calma, Maria, essa história é parte da religiosidade popular, com seu sentimento de justiça, de crime e castigo imediatos e visíveis. As vias de Deus são de fato muito mais sutis.

– E como é que termina a história? – quis saber Antônio.

– Enfim, o filho estava mesmo morto. O camponês, desesperado, volta ao encontro do padre, gritando por socorro. Antônio, calmamente, se aproxima da charrete e faz o sinal da cruz sobre o rapaz, que imediatamente reage, pulando como se acordasse subitamente.

— Ufa, ainda bem! — exclamou César. — Afinal, o pobre rapaz estava dormindo e não teve nada a ver com falta de caridade do pai...

— Com a avareza do pai — corrigiu Jorgedu. — Ele não quis dar seu tempo...

— De qualquer modo, não gosto da história — disse Maria. — Santo Antônio fica muito parecido com as bruxas e os mágicos...

— Que saem todos do imaginário da Idade Média, não é mesmo? — retomou Jorgedu. — Vendo por esse ângulo, vocês podem compreender como se formaram essas histórias. Sobre um fundo de verdade, adicionaram-se circunstâncias e detalhes que têm muito mais a ver com superstição e magia do que com religião.

E continuou:

— Outro de seus milagres mais conhecidos é o do livro furtado e devolvido, que se teria dado em Montpellier, na França, em 1225. Um dia, em sua cela monacal, ele não encontra suas anotações para os comentários sobre os Salmos que está escrevendo. Onde estariam essas notas? Ao mesmo tempo, Antônio fica sabendo que um noviço acabara de deixar o convento e a ordem. E conclui que o mesmo furtara o resultado de suas reflexões. Para quê? Para atribuir-se o trabalho? Para vendê-lo, uma vez que Antônio já tinha construído um nome de intelectual e que seus escritos tinham então valor? Conta-se que ele reconhece no furto a obra de Satanás, que quer privá-lo de um importante meio de conversão dos infiéis. E que faz então? Reza e interpela o demônio. E ordena-lhe que lhe restitua seu trabalho. Conta-se que o demônio, obedecendo à ordem de Antônio, aparece ao noviço. Segundo algumas versões, o demônio teria aparecido ao jovem sob a forma de um enorme e ameaçador urso. Outras, que o rapaz teria tido uma visão disforme, na qual teria reconhecido Satanás. De qualquer forma, a aparição se dá no momento em que o noviço atravessa uma ponte e obriga-o a retornar ao convento e a devolver ao santo suas preciosas anotações, sob a ameaça de atirá-lo à água. O noviço teria resistido à ideia e a aparição, urso ou forma sem nome, ter-se-ia tornado gigantesca e mais assustadora ainda, até que o rapaz, apavorado, retorna ao convento e devolve o manuscrito ao santo, pedindo-lhe perdão. Este o perdoa e conta-se que, dali por diante, esse quase ex-noviço tornou-se um religioso modelo.

– Também, com uma ameaça dessas, até eu – zombou César.

Jorgedu não tomou conhecimento da intervenção e continuou:

— Outro milagre teria ocorrido pouco antes da morte de Antônio. Um dia volta ele a Pádua, tendo ao lado frei Lucas, também padre, que será seu último confessor. Eis que surge no caminho uma mulher, levando no colo seu filho paralisado de nascença dos braços e das pernas. Ela suplica ao santo que o cure. Ele não se sente digno e tenta recusar, mas a mulher se joga a seus pés, soluçando e pedindo-lhe que tenha piedade dela. Frei Lucas pede-lhe também que cure a criança. Então Antônio faz o sinal da cruz sobre o menino, benzendo-o em nome de Jesus e por seu poder. E a criança fica completamente curada. Antônio pede então à mãe e a frei Lucas que nada revelem a ninguém antes de sua morte, e assim foi feito.

— Bonito — comentou Alessandra.

Jorgedu continuou.

— Ainda há os milagres realizados por ele depois de sua morte, como, por exemplo, o da taça quebrada. Conta-se que um cavaleiro de Salvaterra, herege, em visita a sua família, em Pádua, irritou-se durante uma refeição em que todos louvavam os milagres de Santo Antônio, que acabara de falecer. Para provocar escândalo, esvaziou sua taça e disse: "Se esse que vocês chamam de santo puder impedir que esta taça se quebre, acreditarei em sua santidade!". E jogou-a na pedra do piso. Para comoção geral, ela ricocheteou três vezes no chão e parou. Inteira. Chocado e arrependido, o cavaleiro converteu-se e levou a taça para a Ordem dos Irmãos Menores. E a partir daí passou também a pedir a canonização de Santo Antônio. Outro milagre refere-se a sua canonização, no dia 30 de maio de 1232, em Spoleto. Semanas mais tarde, soube-se que, na mesma hora em que tal canonização era anunciada na Itália, os sinos de Lisboa começaram a tocar, sozinhos, e os portugueses foram tomados por estranha alegria, que os levava a cantar e a dançar sem saber ainda da boa notícia, que só lhes chegou semanas depois.

— O dos peixes eu quero contar — disse Alessandra.

— Pois não — respondeu rindo Jorgedu. — Passo a palavra à senhora.

E Alessandra começou:

— Em 1222, Antônio é enviado a Rimini, na Itália, para pregar aos cátaros, que são maioria entre a população. Mesmo sabendo das dificuldades que o aguardam, Antônio um dia inicia sua pregação, às margens do rio Marecchia, que desemboca no mar Adriático. Muitos pescadores estão na praia, consertando suas redes. Antônio, então, começa a falar e muitos se aproximam. No entanto, à medida que o sermão se adianta, os temas que opõem cátaros e católicos se evidenciam. Antônio fala da Eucaristia e da doutrina da Igreja, o que irrita os ouvintes, que começam a retirar-se. Vendo que seu público o abandona, Antônio volta-se para as águas e dirige-se... aos peixes: "Oh, peixes, criaturas de Deus, agradecei a Deus as águas do rio e do mar postas a vossa disposição!". Ouvindo-o falar desse modo, os cátaros ficam ainda mais chocados, pois dirigir-se aos peixes como criaturas de Deus implica reconhecer que Deus criou a matéria e não apenas o espírito, o que contraria a doutrina que seguem. E apressam-se a deixar a praia quando... Maravilha! Um movimento nas águas mostra que os peixes acorrem à praia, extraordinariamente, como se viessem escutar o sermão que lhes é agora dirigido. Milhares de peixes, com suas bocas entreabertas, com seus dorsos prateados à luz do dia, parecem acompanhar as palavras do pregador. E as gaivotas? Não virão elas apanhá-los, agora que parecem tão expostos? Numa cidade em que há muitos pescadores, todos conhecem o movimento das gaivotas em busca de peixes. Mas... não havia nenhuma gaivota no céu, habitualmente cheio delas. Antônio continua a falar aos peixes e estes parecem continuar a ouvi-lo. Ele diz: "Bendito seja o Deus eterno, pois os peixes da água honram-no mais que pessoas que negam sua doutrina. Os animais irracionais escutam mais prontamente a Palavra de Deus do que a humanidade sem fé".[2] Diante de tal prodígio, os pescadores e o resto da população vão lentamente voltando à praia, buscando sentar-se diante do pregador e abrindo seus ouvidos e seus corações a suas palavras. Então, Antônio volta-se para a multidão e retoma: "Até mesmo os animais da terra reconhecem a mesa da doutrina do Senhor. Creem nos ensinamentos de Cristo em sua totalidade, porque reconhecem a santidade daquele que os criou e que nos ensinou. Entretanto, somente os que foram feitos à imagem de Deus estão convidados à segunda e à terceira mesa de Deus, a da Penitência e a da Eucaristia, pois os animais, incapazes de pecar, não necessitam de arrependimento. E os animais, incapazes de serem salvos, não têm necessidade do Pão da Vida".[3] Inúmeras conversões se dão nesse dia. Quando ele termina de falar, forma-se uma fila imensa para as confissões.

– Que coisa – disse Maria. – Será mesmo verdade?

---

[2] Cf. NUGENT, op. cit., pp. 118-119.

[3] Id.

– Bem, no século XVII, o Padre Antônio Vieira retomará esse milagre em seu famoso sermão intitulado "Sermão de Santo Antônio aos peixes", pregado no Maranhão – continuou Alessandra. – Logo no começo relembra ele esse milagre, dizendo: "Pregava Santo Antônio em Itália, na cidade de Arimino, contra os hereges, que nela eram muitos; e como erros de entendimento são dificultosos de arrancar, não só não fazia fruto o santo, mas chegou o povo a se levantar contra ele e faltou pouco para que lhe não tirassem a vida. Que faria neste caso o ânimo generoso do grande Antônio? Sacudiria o pó dos sapatos, como Cristo aconselha em outro lugar? Mas Antônio, com os pés descalços, não podia fazer esta protestação; e uns pés a que se não pegou nada da terra não tinham que sacudir. Que faria logo? Retirar-se-ia? Calar-se-ia? Dissimularia? Daria tempo ao tempo? Isso ensinaria porventura a prudência ou a covardia humana; mas o zelo da glória divina, que ardia naquele peito, não se rendeu a semelhantes partidos. Pois que fez? Mudou somente o púlpito e o auditório, mas não desistiu da doutrina. Deixa as praças, vai-se às praias; deixa a terra, vai-se ao mar, e começa a dizer a altas vozes: Já que me não querem ouvir os homens, ouçam-me os peixes. Oh maravilhas do Altíssimo! Oh poderes do que criou o mar e a terra! Começam a ferver as ondas, começam a concorrer os peixes, os grandes, os maiores, os pequenos, e postos todos por sua ordem com as cabeças de fora da água, Antônio pregava e eles ouviam (...)".[4]

— Mas o Padre Vieira, como padre, também pertencia à Igreja... — continuou Maria. — Não sei...

Jorgedu sorriu e, sem comentar a observação de Maria, retomou a palavra:

— Agora vem um dos mais espetaculares.

— No sentido de "espetáculo", algo que aparece — sublinhou César, querendo fazer um pouco de ironia.

— Exatamente — confirmou seu pai, sem dar importância à provocação do filho. —Ainda em Rimini, na Semana Santa de 1222, Antônio empregava todo o seu talento na conversão dos cátaros, procurando convencê-los quanto aos dogmas do cristianismo, sobretudo quanto à Eucaristia, a transformação do pão e do vinho no corpo e no sangue de Jesus. Nessa época, o papa tinha estabelecido, para os católicos, a obrigatoriedade da confissão e comunhão ao menos uma vez por ano. Assim, Antônio procurava fazer com que os

---

[4] VIEIRA, Padre Antônio. *Sermão de Santo Antônio aos peixes*. Porto: Editora Biblioteca Digital, p. 3. Disponível em: <http://web.portoeditora.pt/bdigital/pdf/NTSITE99_SerStoAntPeix.pdf>.

hereges se convertessem e que os católicos, cuja fé estivesse entorpecida, renovassem seus laços com o catolicismo, cumprindo a decisão papal. Mas os cátaros eram inamovíveis e, por serem respeitados por sua vida de modo geral espiritualizada, semeavam a dúvida no espírito mesmo dos católicos. A biografia mais antiga de Antônio, a *Assidua*, conta que um dia, em Rimini, o padre estava tentando converter um homem chamado Bonillo, que era cátaro há mais de trinta anos e já era considerado "perfeito", o grau máximo de purificação entre os cátaros. Como cátaro, Bonillo não aceitava os sacramentos, sobretudo o da Eucaristia. Algumas versões dizem que se tratava de um homem do povo, outras, que era ele uma pessoa importante da cidade. De qualquer forma, Bonillo não se deixava convencer. Em certo momento, Antônio, olhando para o animal de carga que acompanhava seu interlocutor, disse-lhe: "Até os animais reconhecem a Deus, Bonillo". Bonillo riu: "Reconhecer a Deus é uma coisa, padre. Eu reconheço a Deus. Outra muito diferente é acreditar que Deus está presente no pão e no vinho só porque um sacerdote muitas vezes corrupto diz umas palavras". A *Assidua* traz as palavras exatas que Bonillo disse ao santo: "Padre! Eu te digo diante de todos: acreditarei na Eucaristia, se a minha mula, que farei jejuar durante três dias, comer a hóstia que tu oferecerás e não o feno que eu darei". Antônio pensou um momento e replicou: "Bonillo, se pelo poder de Deus sua mula adorar a Eucaristia, você se convencerá?". Bonello se surpreendeu com a proposta: "O quê? A minha mula adorar a Eucaristia?". Antônio continuou: "Bonillo, se Deus manifestar sua verdade através de sua mula, você se convencerá?". "Sim, padre, nesse caso, é claro que me convencerei e convencerei toda a minha família". Então, Antônio fez-lhe a proposta completa: "Bonillo, deixe sua mula sem comer por três dias. Daqui a três dias leve-a até a praça diante da igreja. Leve também um feixe de feno e um pouco de aveia. Eu levarei a Eucaristia. Veremos o que acontecerá". Bonillo considerou que Antônio estava apostando alto. Muito provavelmente a mula faminta iria lançar-se sobre a aveia e o feno, ignorando a hóstia que lhe seria apresentada pelo padre. Naquela época a hóstia consagrada era guardada dentro de uma pequena imagem de pomba ou numa pequena torre de ouro ou prata, que permitia seu transporte.[5] E toda a população de Rimini estaria lá, testemunhando o desenlace desse confronto. Antônio respondeu que deixassem a decisão nas

---

[5] Cf. NUGENT, op. cit., p. 497.

mãos de Deus. Na Quinta-feira Santa, passados os três dias, Rimini inteira estava reunida na praça diante da igreja. E chegou Bonillo com sua mula, que carregava um feixe de feno e um balaio com aveia. Pouco depois, eis que vem vindo Antônio, que traz o Santo Sacramento em procissão. A multidão se agita, todos querem ver o que se vai passar. Da cena que se vai seguir dependerá o futuro da cidade. Os cátaros estão inquietos. Esse padre, que todos já chamam "O Santo", conseguirá a graça de Deus para tal demonstração de força? Antônio chega diante de Bonillo e sua mula, que olha, faminta, os feixes de feno e o balaio de aveia postos diante dela. Dando um passo atrás, Antônio apresenta o ostensório à multidão. Alguns se ajoelham, outros, ao contrário, se põem nas pontas dos pés para nada perder da cena que se vai passar. Bonillo sente um frio na espinha. Será?! E... A mula, sobre a qual convergem então todos os olhares, como que atraída pelo movimento a seu redor, retira os olhos do feno e da aveia. E olha o Sacramento que lhe apresenta Antônio. E... dobra as patas dianteiras, curvando a cabeça, como se estivesse se ajoelhando. Como se fosse uma só pessoa, a multidão se ajoelha imediatamente. Bonillo chora, abraçado a seu animal. E nesse dia, na fila para a confissão que parecia não mais acabar, Bonillo e sua família eram os primeiros.

— Ah, não é possível — exclamaram os três meninos quase ao mesmo tempo.

— É verdadeiramente espetacular — concluiu Maria.

— O milagre que vou contar agora se deu em Ferrara, e é contado pelo humanista Sicco Polentone, que viveu entre 1376 e 1447 — retomou Alessandra. — Um homem muito importante na cidade duvidou de tal forma da honestidade de sua mulher, que se recusou a reconhecer o filho que tinha acabado de nascer, acusando sua mãe de adultério. A mulher, sem saber o que fazer, já que seria impossível apresentar provas de sua inocência, pediu a intervenção de Santo Antônio. Este foi à casa da família e pediu a presença do marido no quarto em que estava a criança envolta em faixas, como se fazia antigamente. Tomou-a ao colo carinhosamente e, para surpresa geral, dirigiu-se a ela, dizendo-lhe: "Eu te conjuro, em nome de Jesus Cristo, verdadeiro Deus e verdadeiro homem, nascido da Virgem Maria, a que me digas claramente quem é teu pai!". A criança então, diante de todos, olhou fixamente na direção em que estava o homem e, claramente, com uma voz de um menino de dez anos, disse: "É ele o meu pai". Santo

Antônio voltou-se para o homem e, entregando-lhe a criança, concluiu: "Toma teu filho e ama tua mulher, que é pura e merece todo o teu respeito e reconhecimento".

– Mas tudo isso parece inventado! – interveio Antônio. – Como é possível que isso possa ter acontecido?

– E ainda tem mais – continuou Alessandra, sem responder à questão de Antônio. – O Frei Bartolomeo de Pisa, que viveu entre 1225 e 1401, deixou-nos a memória de outro milagre, que se tornou um dos mais conhecidos. Em Lisboa, onde morava o pai de Antônio, havia, entre as famílias mais importantes, duas visceralmente inimigas. Um dia, um desses homens sequestrou e assassinou o filho de seu inimigo. Como habitava perto da residência do pai de Antônio, o assassino esperou a noite e enterrou o corpo do menino no jardim de seu vizinho, certo de que ninguém pensaria em procurá-lo em tal lugar. No entanto, o pai do menino desaparecido moveu céus e terras para descobrir o paradeiro do filho. Investigações foram feitas em toda a região e um dia o corpo da criança foi encontrado: no jardim do pai de Antônio, que foi imediatamente preso. Antônio estava em Pádua. Mas, por inspiração divina, soube do que se passava no distante Portugal. Soube também que era necessária sua intervenção. Pediu imediatamente licença a seu superior para viajar e, de acordo com as regras da ordem, pôs-se a caminho a pé. Mais uma vez a Providência Divina interveio e, na manhã seguinte, estava Antônio em Lisboa. Certo da inocência de seu pai, pediu ao representante do rei que lhe trouxesse o cadáver da criança assassinada. Como sua fama de santo já era grande, esse pedido aparentemente desarrazoado foi atendido. Antônio, então, ordena à criança, cujo corpo jazia a seus pés, que se levante e que declare se fora seu pai o responsável por sua morte. E, diante da estupefação dos presentes, o corpo se animou, e a criança se levantou e declarou a inocência do pai de Antônio, que é imediatamente libertado e limpo de toda acusação. Antônio permaneceu em Lisboa, com seu pai, todo aquele dia e à noitinha pôs-se em marcha, de volta a Pádua, onde, novamente por intervenção divina, chegou na manhã seguinte.

– Interessante que essa tradição de milagres faça crianças falarem, não é? Umas libertam acusados... Outra inocenta a própria mãe, e ainda outra que isenta o pai do próprio santo de qualquer culpa... – refletiu Antônio.

— Muito boa observação, Antônio — apoiou Jorgedu. — E observem que dentre as crianças que falam está o próprio Menino Deus.

— Isso teria alguma coisa a ver com a crença popular na ideia de que a verdade sai pela boca das crianças? — perguntou César.

— Suponho que sim — respondeu Jorgedu. — Não se pode ignorar o caráter de mediadoras da Palavra de Deus que têm as crianças dessas narrações.

— Pensei em outra coisa — disse Maria. — Será que essa história não estaria na origem da expressão "correr pra tirar o pai da forca"? O pai de Santo Antônio ia ser enforcado?

Todos riram e Jorgedu respondeu:

— Não posso responder com certeza, Maricota, mas que essa é uma possibilidade, é.

Jorgedu continuou:

— Outro milagre teria ocorrido também em Pádua.

Um homem chamado Leonardo, durante a confissão, acusou-se de ter dado um pontapé em sua própria mãe, fazendo-a cair ao chão. Ora, Antônio tinha horror à violência. Indignado, ao ouvir tal confissão, declarou: "Um homem que comete tal pecado contra sua própria mãe mereceria ter seu pé cortado". Leonardo, arrasado de remorsos, tomou ao pé da letra as palavras de seu confessor. De volta a casa, muniu-se de um machado e cortou fora seu pé. Imediatamente a notícia de tal ação, interpretada como o cumprimento de uma ordem do santo, correu a cidade, chegando aos ouvidos de Antônio. Este se horrorizou com o sentido que haviam tomado suas palavras no espírito simples de Leonardo, e foi até sua casa. Lá chegando, diante da multidão que se espremia para ver o homem que havia cortado o próprio pé por ordem do santo, orou e, traçando o sinal da cruz sobre a perna, fez com que a ela se juntasse o membro que jazia por terra no meio de um mar de sangue. O homem, louco de alegria, imediatamente se pôs a pular e a dançar, dando graças ao Senhor.

Maria se remexia na poltrona e aproveitou a pausa do narrador:

— Jorgedu, você acredita mesmo nessas histórias?

Jorgedu suspirou fundo e sorriu:

— Maricota, é interessante voltarmos a este assunto, que interessa muito à Igreja, aliás, no *Messaggero di Sant'Antonio*,[6] o portal na internet da comunidade antoniana, há muitos artigos sobre essa questão. Um dos mais interessantes nos

---

[6] MESSAGERO DI SANT'ANTONIO. Disponível em: <http://www.saintantoine.org/portale/home.asp>.

faz voltar a nossa conversa inicial sobre a escrita da história. Sobre Santo Antônio, diz o portal, há duas tradições, uma, constituída cronologicamente mais perto da vida dele, e outra mais afastada. A primeira tradição, constituída pelas três primeiras biografias, apresenta-o como "O Santo", como era conhecido por suas atitudes e suas obras: um homem especialmente bom e um padre excepcionalmente virtuoso, mas sem essa auréola de mistério e de prodígio. São narrativas sóbrias. Nelas, Santo Antônio obtém milagres "morais". As duas biografias que se seguem constituem a base da segunda tradição. Não se contentam em contar esses milagres "morais", mas apresentam o biografado como tendo tido uma vida constelada de numerosos e estupendos prodígios. Essa segunda tradição prevaleceu durante o século XIV. A partir daí, todas as biografias começaram a ser escritas aumentando, cada uma, o elemento miraculoso da personalidade de Antônio.

– E o que são milagres "morais"? – perguntou César?

– Milagres "morais" são, por exemplo, conversões realizadas depois de um sermão ou de uma conversa particular do padre com determinada pessoa que até então se recusava a aceitar a fé. Ou a pacificação de um casal, do qual um marido ciumento se tenha convencido da virtude da mulher pela intervenção do sacerdote, sem que tenha havido necessidade de se ouvir o recém-nascido, por exemplo. Ou, ainda, a pacificação interior do noviço que não se julgava digno de continuar na ordem porque não podia livrar-se de tentações sexuais.

– E como é que se deu a passagem de uma tradição a outra? – interveio Alessandra.

– Na maioria dos casos, a auréola milagrosa foi posta sobre acontecimentos que, na origem, eram completamente normais. Em outros casos, já existe o elemento sobrenatural desde a primeira versão, mas abrandado, elemento esse que será magnificado nas narrações pertecentes à segunda tradição. Também foram integrados em sua história muitos acontecimentos excepcionais que faziam parte da tradição oral, muitas vezes como se tendo passado em diferentes locais. Como, por exemplo, o milagre do transporte de Santo Antônio a Lisboa. Uma das versões diz que estava ele em Montpellier, numa solenidade não definida; outra, que o fato se deu a partir de Limoges, durante uma Quinta-Feira Santa. Por outro lado, como tais narrativas tinham como objetivo a conversão, muitas vezes encontramos os mesmos acontecimentos atribuídos a personalidades diferentes. A recomposição do corpo de uma pessoa viva, por exemplo, é atribuída a Santo Antônio, no caso do pé cortado, e também a São Pedro Mártir, um franciscano morto em 1252. Esse é um momento que poderíamos dizer de luta ideológica. É preciso convencer, dar exemplos, lutar contra a heresia, sobretudo contra a heresia cátara. Como os cátaros negavam a presença de Jesus na hóstia consagrada, era necessário construir uma história suficientemente dramática para contrapor-se a seus argumentos.

– A história do animal de Bonilho, que se ajoelha diante do ostensório – concluiu Antônio.

– Justamente – confirmou Jorgedu. – E com certeza também foi preciso criar histórias para ilustrar passagens bíblicas, tais como a história do usurário cujo coração está em sua caixa de joias.

– Como é essa história – quis saber Antônio.

– Uma vez, na região da Toscana, no norte da Itália, Antônio estava presente ao funeral de um homem muito rico – começou o padrinho. – Subitamente, como se presa de uma inspiração, ele exclamou que o homem não poderia ser enterrado no cemitério, mas sim ao pé dos muros da cidade, como os cães. E isso porque sua alma estava destinada ao inferno e, como demonstração desse fato, o coração tinha desaparecido do cadáver. A família do morto ficou naturalmente revoltada com tal declaração. Mas como Antônio não se deixava convencer nem por seus argumentos nem por suas súplicas, os familiares acabaram por chamar os cirurgiões que, ao abrirem o peito do corpo sem vida, não encontraram o coração. Para espanto geral, Antônio declarou que ele encontrava-se no cofre-forte do defunto, junto a suas joias e dinheiros. E foi nesse lugar que o órgão vital foi efetivamente encontrado. A família teve de se conformar em seguir o preceito da época e, renunciando a depositar o morto no mausoléu da família, enterrou-o diretamente na terra.

– Que horror – protestou César! – Quem contou uma história dessas?

– Sicco Polentone, em sua "Vida de Santo Antônio" – respondeu Jorgedu. – Mas é preciso, ainda uma vez, que se veja o sentido dessa história – de fato horrível e, além disso, contrária à personalidade de Antônio. Trata-se evidentemente da ilustração de um ditado.

– "Onde está seu tesouro, está seu coração" – completou Alessandra.

– Não se pode esquecer – continuou Jorgedu – de que a narração de milagres é um gênero literário. E que todas essas narrativas faziam parte de uma campanha de evangelização feita por pregadores itinerantes, que, de vila em vila, de cidade em cidade, citavam exemplos que eles exortavam os auditores a seguir. E esses exemplos tinham de ser expressivos e adaptados à mentalidade do público, composto de pessoas simples, que acabavam de ser iniciadas no catolicismo e que deviam ser disputadas com os heréticos. As narrativas visam assim a mostrar o santo como um traço de união entre eles, filhos de Deus, e Cristo, o Filho de Deus, preocupado com a salvação das almas. Os milagres vêm confirmar a verdade pronunciada pela pregação, como formas de revelação e, assim, solidificar o ensinamento. Mostram também Santo Antônio como humano, preocupado com os problemas materiais de seus ouvintes, e também como bom filho e bom irmão, preocupado com as dificuldades de sua família e da ordem.

– Como sua ida a Lisboa para salvar o pai – lembrou Antônio.

– Assim, as narrativas dos milagres mostram, sobretudo, aspectos da personalidade do santo, seus sentimentos, seus valores. Qual deles mais impressiona a vocês?

– O da mula que se ajoelha – respondeu César.

– O da pregação aos peixes – acrescentou Antônio.

— Pra mim, o mais comovente é a aparição do Menino Jesus — disse Maria.

— A aparição do Menino Jesus é de fato um dos mais comoventes, pois revela o aspecto contemplativo, ligado à oração, à contemplação, desse santo tão voltado para a comunicação, para os homens. Mostra sua ligação íntima com Cristo, mas não com o Cristo crucificado, o Cristo do sofrimento, como São Francisco, mas sim o Cristo menino, doce, próximo, humano.

— Mas, afinal, você acredita em milagres? — insistiu César.

— Acredito — respondeu Jorgedu. — Deus pode conceder-nos uma graça num momento especial. Para a misericórdia de Deus nada é impossível. Por outro lado, é preciso reconhecer também os desígnios de Deus em tudo o que nos acontece. A pessoa que estiver dentro de uma atmosfera de fé poderá reconhecer os milagres. Trata-se de reconhecer a presença divina de maneira especial, num momento especial de nossas vidas. É um outro modo de perceber a realidade.

E todos ficaram um momento em silêncio, pensando nas palavras de Jorgedu.

5
As ideias de Santo Antônio.
Santo Antônio e a Virgem Maria

*N*a quinta-feira, assim que se todos se sentaram, César tomou a palavra:

— Estive pensando no que mamãe disse sobre a ideia de paz dos franciscanos. Quer dizer que eles não apoiavam as lutas dos pobres contra os poderosos?

— Para compreender uma questão desse tipo, é preciso pôr-se no espírito da época – respondeu Jorgedu. – Na Idade Média, segundo o historiador Jacques Le Goff, a Igreja, quer dizer, a Igreja Católica, romana, corresponde ao conjunto social. Todos são católicos. E essa Igreja, quer dizer, esse mundo, é ordenado hierarquicamente. O poder político e social tem fundamento religioso, pois é compreendido como representante da vontade de Deus. É preciso, pois, respeitar essa estrutura, da qual fazem parte as instituições com suas regras. Se todos cumprirem seu papel, se todos respeitarem a vontade de Deus a partir de seu lugar, o equilíbrio do mundo estará garantido, acredita-se. Por isso os franciscanos respeitam a ordem estabelecida. Antônio se preocupa com o respeito às regras das instituições. Seus sermões mostram-no preocupado, sobretudo com a administração da justiça. Considera ele que as leis não apenas são insuficientemente formuladas, mas aplicadas de modo contrário à justiça divina. Considera que intrigas dos poderosos contra os miseráveis e as cruéis sentenças contra os pobres fazem com que inocentes, com os quais ninguém se importa, chorem lágrimas amargas. Observa ele que os expedientes dos advogados dos poderosos põem o direito a serviço dos mais fortes. Assim, a única lei em que se pode inteiramente confiar é a lei divina. Esta foi infundida na natureza humana por Deus e aperfeiçoada por Cristo. E só através dessa lei o homem acederá à verdadeira justiça.

Alessandra tomou a palavra:

— Não falamos ainda aqui da importância que teve o culto à Virgem Maria na obra de Antônio. Será ele um fiel devoto de Nossa Senhora. O culto marial, já desenvolvido na ortodoxia bizantina, cresceu na Europa desde o século XI. No século XII é composta a Ave-Maria que, em torno de 1220, torna-se uma oração corrente em toda a cristandade. Uma das principais inovações do cristianismo, organizada justamente em torno da figura de Nossa Senhora, é a revalorização da figura da mulher, até então considerada inferior ao homem. O culto de Maria será ao mesmo tempo o fundamento e um índice dessa nova mentalidade.

Jorgedu continuou:

– De fato, São Tomás de Aquino, no século XIII, embora depois da morte de Santo Antônio, diz o seguinte: "Deus criou Eva a partir de uma costela de Adão, não a criou a partir da cabeça ou do pé; se ela tivesse sido criada a partir da cabeça, isso quereria dizer que Deus a considerava uma criatura superior a Adão e, ao contrário, se tivesse sido criada a partir do pé, ela seria considerada inferior a ele; as costelas estão no meio do corpo e este gesto estabelece a igualdade entre Adão e Eva na vontade de Deus".[1] Em 1215, o concílio de Latrão faz do casamento um ato público, com a necessária publicação dos proclamas. Seu objetivo maior é evitar os casamentos consanguíneos. Para que tal ato seja válido, exige-se, a partir de então, o consentimento da mulher. É preciso que ambos os noivos digam "sim" para que o casamento seja válido. É claro que a nova lei não impediu os casamentos de conveniência – que, aliás, existem até

---
[1] Trad. de Le Goff (2004), p. 98.

hoje –, em que a família obriga a moça a dizer "sim". Mas constitui uma inovação importante o fato de, ao menos em teoria, a mulher tornar-se livre para escolher seu marido.

– Ora, nunca tinha pensado nisso – comentou Maria.

– No judaísmo – continuou Jorgedu –, a mulher é submissa ao homem. Há muitas mulheres no Antigo Testamento, umas más e outras virtuosas e corajosas. Mas a maioria delas exerce um papel secundário em relação ao homem.

– Quem são as que escapam a essa regra geral? – perguntou Maria.

– Lembro-me agora de Judith, que mata o inimigo Holofernes – respondeu Jorgedu.

– Ou Ruth, que conquista Booz e outra terra para sua descendência – interveio Alessandra.

– E eu que pensei em Salomé – riu César.

– Como acabei de dizer, há no Antigo Testamento as mulheres boas e as perversas – retomou Jorgedu. – Mas, na maioria das vezes, elas estão em posição subalterna ao homem. No Novo Testamento a situação é completamente diferente. Nem Abraão nem Moisés são influenciados por mães ou por mulheres, mas Jesus está cercado de mulheres que têm certo poder sobre ele: Marta e Maria, irmãs de Lázaro, Maria Madalena, a pecadora arrependida e reabilitada por ele. Mas, sobretudo, Maria, sua mãe. Aos pés da cruz se encontram Maria e Maria Madalena, as mulheres que o enterram e que, três dias depois, também descobrem o túmulo vazio. O medievalista Jacques Le Goff[2] chama a atenção para o fato de o primeiro milagre de Jesus ter sido realizado a pedido de sua mãe, por ocasião das bodas de Caná, antes do início de sua chamada vida pública, isto é, antes que ele se tivesse apresentado como pregador. Maria o incita a realizar um ato que não está ainda dentro do previsto, pois nesse momento Jesus ainda é, aparentemente, um rapaz como os outros. É como se Maria lhe revelasse sua natureza divina, ao pedir-lhe que transforme água em vinho. É como se ela o apresentasse ao mundo em sua natureza divina, como uma mãe pode fazer.

– Uma mãe que conhece as potencialidades do filho – comentou Alessandra.

– A Idade Média consagrou a Maria um culto extremamente importante, continuou Jorgedu. – Chamada comumente de Nossa Senhora, ela torna-se a grande intermediária entre Deus e os homens, "A Senhora" do mundo medieval, a medianeira, por cujo intermédio se podem alcançar

---

[2] LE GOFF. *Un long Moyen* Âge. Paris: Hachette, 2009, p. 103.

mais facilmente as graças pedidas a Jesus, pois este não resistirá a um pedido feito por sua mãe. Como Jesus, Maria torna-se confidente das pessoas. A ela se dirigem orações, súplicas, pedidos, dela se fazem pinturas, esculturas, em sua honra se erigem capelas, igrejas e catedrais, em sua homenagem se criam lugares de peregrinação. Como todos os franciscanos, Antônio desenvolve o amor a Nossa Senhora como uma das maiores expressões do amor. O centro da vida religiosa de Francisco e seus irmãos era a igrejinha de Santa Maria dos Anjos e, em 1219, o Capítulo de Nattes tinha decidido que ali seria celebrada, todos os sábados, uma missa em louvor da Imaculada Conceição de Maria, um dos pontos de doutrina muito discutidos na Idade Média e defendido vigorosamente pelos franciscanos. Assim, como todos os Irmãos de Francisco, Antônio defende em seus sermões a virgindade de Maria antes, durante e depois da maternidade, sua imaculada concepção, quer dizer, não apenas a ideia de que Maria teria sido concebida sem o pecado original como também a de sua virgindade antes, durante e depois da maternidade. Em seus sermões, Antônio refere-se a Maria como "coluna de nuvens": "coluna", por servir de apoio à fraqueza humana, e "de nuvens", por ser sem pecado. Atribui-lhe um "trono de marfim" para pôr em destaque o fato de ter ela sido "cândida em sua inocência, pura, sem o ardor do mau desejo". E afirma que "Maria foi santificada no seio de sua mãe",[3] afirmando assim a ideia da Imaculada Conceição. A ideia da imaculada concepção de Maria foi combatida por teólogos medievais como São Bernardo e São Tomás de Aquino, que nela viam a persistência do culto pagão das deusas-mães, e só se tornou dogma em 1854. Em 1954, pelo centenário da definição da Imaculada Conceição, o papa declarou a igreja de Santa Maria dos Anjos como santuário marial. Nela se realiza anualmente, em 8 de dezembro, uma grande cerimônia, à qual comparecem todos os Irmãos Menores.

Alessandra retomou a palavra:

— Antônio defendeu sempre outra das ideias sobre Maria que se formaram nesse momento, e não sem dificuldades: a da Assunção, que só se tornou dogma no século XX, em 1950. Conta a tradição que, uma tarde, no convento de Toulouse, fazia-se a leitura coletiva de um comentário sobre a assunção de Maria. O autor afirmava ser preferível calar-se sobre esse ponto sobre o qual não havia elementos suficientes para uma decisão e que era, por outro lado, pouco importante

---

[3] Citações a partir de Lequenne, op. cit., p. 217.

para o aperfeiçoamento da vida religiosa. Antônio teria ficado chocado com a opinião desse autor, pois tinha a presciência da realidade da assunção e pensara mesmo em levantar-se, contrariando a disciplina conventual. Eis que tem ele uma visão: Nossa Senhora lhe aparece, cercada de luz, e dirige-se a ele com doçura. Ela lhe assegura ter ficado no túmulo por três dias, sem que seu corpo se deteriorasse, e que fora, em seguida, levada pelos anjos, em corpo e alma ao céu, onde estava desde então à direita de seu Filho. Quando Antônio sai de seu transe, a leitura tinha terminado e todos deixavam a sala.

– Um outro milagre – comentou Maria.

– De fato – asseriu Jorgedu, retomando o fio da narração –, as noções da imaculada concepção e da assunção de Maria tomam uma tão grande importância nos séculos XII e XIII porque elas marcam uma ruptura irreversível na mentalidade dos homens. Até então, o céu e a terra eram considerados como irremediavelmente separados. A partir do século XII aparece o tema da "escada", pela qual sobem os homens e descem os anjos, unindo o céu e a terra.

– Como no sonho de Jacó (Gênesis 28,12): "Eis que uma escada se levantou sobre a terra e ela atingia o céu e os anjos de Deus por ela subiam e desciam" – citou Alessandra. – Ao unir o céu e a terra, essa escada une o espiritual e o carnal.

– Nesse contexto, uma mulher é concebida sem pecado, diferentemente das outras – retomou Jorgedu. – E, distintamente de todos os outros homens, é elevada aos céus. Como Jesus, mas sem ser deificada. Quer dizer, a ideia da transição entre o céu e a terra é completada estando a mulher ao lado do homem, e não mais sendo inferior a ele.

– Nunca tinha pensado em Nossa Senhora dessa maneira – disse Maria.

– Vocês conhecem a peça *O auto da compadecida*,[4] de Ariano Suassuna? perguntou Alessandra. Nela se vê justamente Nossa Senhora intervindo junto a seu Filho, em favor de dois pecadores.

– Nunca ouvi falar – disse Antônio. – É de que época?

– Dos anos 50, 1955. Vale a pena lê-la – retomou Alessandra. – Além de todas as outras qualidades, é muito engraçada.

– E já vai pro meu caderninho – disse Maria.

– Segundo a tradição – continuou Jorgedu –, quando Antônio, já às portas da morte, recebe a

---

[4] SUASSUNA, Ariano. *O auto da compadecida*. Rio de Janeiro: Agir, 2005.

absolvição, no pequeno convento da Arcella, subitamente recobra sua voz poderosa e se esforça em manifestar seu amor a Nossa Senhora, cantando, em latim, um hino em sua homenagem:

> *O gloriosa Domina*
> *Excelsa super sidera*
> *Qui te creavit provide*
> *Lactasti sacro ubere:*
> *Quod Eva tristis abstulit*
> *Tu reddis almo germine...*

– Deixa eu traduzir, Jorgedu, você não vai querer que eles compreendam latim, vai? – disse Alessandra. – O poema diz o seguinte:

> Oh gloriosa Senhora,
> Elevada acima das estrelas,
> Que nutriu teu criador
> Com o leite sagrado de teu seio:
> O que Eva nos tirou tristemente,
> Tu nos devolves por teu fruto divino...

– Impressionante – rendeu-se César.
E todos se levantaram ao mesmo tempo, porque de fato já era tarde.

6
Santo Antônio de Portugal ao Brasil

Naquele dia Jorgedu estava de muito bom humor. Tinha a seu lado o doutor José Gaudêncio, que chegara de São Paulo, de manhã. Os meninos os encontraram muito sorridentes, folheando um grosso livro. O biólogo já estava a par do presente do padrinho Jorgedu a Antônio e da semana que tinham todos passado em torno da figura do santo, cuja imagem ele trazia pendurada numa medalhinha presa ao pescoço por um cordão de ouro.

— Mestre Gaudêncio é quem vai falar hoje sobre a devoção de Santo Antônio em Portugal e no Brasil — anunciou Jorgedu. — E sua base será este excelente livro, do maior folclorista brasileiro, Luís da Câmara Cascudo, o *Dicionário do folclore brasileiro*, que ele me trouxe de presente.

José Gaudêncio abraçou os meninos, que ficaram muito contentes com o encontro. As histórias de Mestre Gaudêncio, como era chamado entre os amigos, eram sempre interessantes e frequentemente engraçadas. Na verdade, era chamado de Mestre Gaudêncio desde os tempos de faculdade, quando o grupo se conheceu. O nome Gaudêncio já soava estranhamente aos ouvidos dos amigos. E quando, no meio do curso, começou ele a se interessar por ofídios e seus venenos, Jorgedu, leitor assíduo de Graciliano Ramos, chamou a atenção de todos para o fato de estarem eles reduplicando o círculo de amigos reunido em torno de Alexandre e Cesárea, personagens daquele autor.[1] Nao havia entre eles uma Das Dores, um João Firmino, uma Alessandra e um Gaudêncio? Só não gostou nada quando os amigos quiseram chamá-lo então de seu Libório, o cantador de emboladas das "Histórias de Alexandre".[2] Não vivia ele cantando áreas de óperas? Aí ele perdeu seu tradicional bom humor e declarou solenemente que não responderia nunca se fosse tratado por esse nome horroroso. Que todo seu amor à obra de Graciliano não merecia tal sacrifício... E o apelido não pegou. Mas os amigos até hoje dizem baixinho que Alessandra

---

[1] RAMOS, Graciliano. Histórias de Alexandre. In: *Alexandre e outros heróis*. Rio de Janeiro: Record, 1982.

[2] Os personagens desse livro são: Alexandre e sua mulher Cesárea, Das Dores, benzedeira de quebranto e afilhada do casal, o cego preto Firmino, Seu Libório, cantador de emboladas, e Mestre Gaudêncio, curandeiro, que rezava contra mordedura de cobras.

insistiu para dar o nome de César ao filho deles, só para compensar a falta de humor do marido.

Mestre Gaudêncio tomou a palavra com sua voz grave:

– Como já vimos, é impossível contar as capelas e oratórios dedicados a Santo Antônio tanto em Portugal quanto no Brasil. Seu prestígio é enorme e é raríssimo que no mundo de língua portuguesa se encontre uma cidade sem uma rua ou igreja com seu nome. Seu culto está até hoje ligado à procura de coisas perdidas, "coisas" que podem ser tanto materiais quanto imateriais. Tanto se pode pedir a Santo Antônio que nos ache um livro perdido ou uma conta de luz que se misturou na papelada, quanto se pode pedir-lhe o restabelecimento da saúde, nossa ou de um próximo, um emprego, uma decisão favorável num processo...

– E até um marido – interrompeu Alessandra.

– E até o século XIX se podia pedir também a vitória numa batalha – concluiu José Gaudêncio.

– A vitória numa batalha? – interessou-se Antônio. – Um santo que parece ter sido tão pacífico!

– Até o século XIX? – duvidou César. – Não é possível!

– Conheço várias orações que lhe pedem graças – disse Alessandra. – Minha mãe fazia as trezenas de Santo Antônio, que são sessões de orações e leituras de exemplos de sua vida feitas durante treze terças-feiras seguidas. A terça-feira é o dia da semana que lhe é dedicado pela tradição, uma vez que ele morreu numa terça-feira e foi enterrado na terça-feira seguinte.

– Mamãe nos ensinou o Responso de Santo Antônio – disse Antônio:

> Quem milagres quer achar
> Contra os males e o demônio,
> Busque logo a Sant'Antônio
> Que só há de encontrar.
>
> Aplaca a fúria do mar,
> Tira os presos da prisão,
> O doente torna são
> O perdido faz achar.
>
> E sem respeitar os anos
> Socorre a qualquer idade;
> Abonem esta verdade
> Os cidadãos paduanos.[3]

– Muito bem, Antônio – cumprimentou o padrinho. – Minha mãe também me ensinou esse responso quando eu tinha a idade de vocês, mais

---

[3] CÂMARA CASCUDO, Luís. *Dicionário do folclore brasileiro*. Belo Horizonte: Itatiaia, 1994, p. 61.

cedo ainda, se bem me lembro. E vocês sabem o que quer dizer "responso"?

– Versos? – arriscou Antônio.

– Sim, versos, mas cantados ou rezados alternativamente por dois coros ou por um coro e um solista. Quer dizer, uma oração, recitada ou cantada e teatralizada. Um coro ou o solista diz a primeira quadra, outro coro, ou o coro diz a segunda e aí por diante. Como uma resposta. Responso vem do latim *responsu*, que quer dizer "resposta".

– Agora entendo melhor essa oração... – interveio Maria. – Faz alusão a várias passagens da vida do santo, como a luta contra o demônio ainda em Lisboa, o naufrágio, a história incrível da salvação de seu pai...

– E o demônio que ele manda que busque o livro furtado – lembrou Antônio.

– E o menino doente que ele cura – completou César.

– E, reparem, faz menção também à capacidade do santo de "achar" coisas perdidas – disse Jorgedu. – Observem o último verso da segunda quadra: "O perdido faz achar". Esse responso faz parte do Ofício Litúrgico, escrito em latim, composto entre 1233 e 1238, pelo franciscano Julien de Spira, escritor, poeta e músico.

— Meu Deus, tão antigo assim? — exclamou Maria.

— E, na opinião de vocês, de onde teria vindo essa crença na capacidade do santo de "achar" coisas? — continuou Jorgedu.

— Da história do manuscrito furtado pelo noviço e depois recuperado, acho eu — disse César.

— De fato, esse é um dos milagres de Santo Antônio relatados em sua primeira biografia e certamente está na origem do responso. Podemos, pois, concluir que, pouco depois de sua morte, já havia a crença nesse dom de Santo Antônio.[4]

— Vejam vocês — interveio José Gaudêncio —, nesse livro de Câmara Cascudo há outra versão, menos poética e mais engraçada, para a crença na função de "procurador" de Santo Antônio. Segundo ele, alguns séculos depois de sua morte não aparecera ainda nos livros de orações nenhuma alusão aos poderes de Santo Antônio para encontrar nem objetos perdidos nem noivos.[5] Afirmativa estranha, uma vez que o mesmo folclorista uma página antes dera o texto em latim e a tradução

---

[4] LEQUENNE, op. cit., p. 227.

[5] "Alguns séculos depois da morte de Sant'Antônio não aparecera ainda nos devocionários alusão aos poderes do santo para deparar objetos perdidos e achar noivos para candidatas ansiosas. CÂMARA CASCUDO, op. cit., p. 62.

do "responso" de Santo Antônio que, como vimos, cita esse poder de Santo Antônio.⁶ Bem, mas sigamos. Câmara Cascudo cita em seguida o folclorista João Ribeiro, que, em seu livro *O folclore*, explicaria a crença nesse seu poder por um processo de confusão verbal, a partir de uma tradição formada na França, onde Santo Antônio passou, como vimos, três anos. Em francês, diz Câmara Cascudo, Pádua se diz Pavie:⁷ Saint Antoine de Pavie. Ora, a história do naufrágio em sua viagem de volta à Europa e sua salvação miraculosa tinham-no feito o santo protetor dos pescadores, que confundiam a expressão "de Pavie", ou "de Pave", com a expressão "d'épave". "Épave" em francês é a palavra que designa os restos de um navio depois de um naufrágio. No entanto, esse termo indicava, no século XVI, "coisas perdidas" em geral, não somente num naufrágio. Assim, Saint Antoine de Pavie tornou-se o santo encarregado das "épaves", das coisas perdidas...

– Engraçado mesmo – concordou Maria.

– Mas o mais engraçado nessa história é que, em francês, Pádua não se diz Pavie, mas Padoue – disse rindo Jorgedu, o francófilo.

---

⁶ Ibid., p. 61.
⁷ CÂMARA CASCUDO, op. cit., p. 62.

– O quê? – surpreendeu-se César – Então Câmara Cascudo está errado?

– Ora – respondeu Jorgedu –, todo mundo está sujeito a erros, e até os sábios erram. Não é porque "está escrito no livro" que qualquer coisa está necessariamente certa... Neste caso, Câmara Cascudo se enganou. Pavie é outra cidade da Itália, perto de Milão. É possível até que a confusão tenha vindo mesmo dos pescadores franceses, que teriam confundido Pavie e Padova, em italiano, ou Padue, em francês. De qualquer forma, a crença na capacidade de Santo Antônio para achar algo perdido teve início pouco depois de sua morte, como atesta o responso.

– Por outro lado – retomou Mestre Gaudêncio –, em Portugal, o santo tradicionalmente encarregado dessa "tarefa" de achar coisas era originalmente o santo flamengo Jeron de Olanda. Câmara Cascudo acredita que, por volta de 1597, a fama de Santo Antônio como "buscador" já existia. E que o nacionalismo português decidiu que não havia necessidade de se recorrer a um santo de fora, quando havia um, português, com a mesma especialidade...

– Não é ótimo? – perguntou César.

– Mas o melhor é que, "de Pavie", "de Pave", "d'épave" ou "de Pádua", Santo Antônio continua ajudando seus devotos a encontrar seus perdidos. Aqui estou eu que dou testemunho disso – interveio Alessandra.

– O fato é que, de encarregado de encontrar coisas perdidas, Santo Antônio passou também a encarregado da defesa das coisas, incluídas nessas "coisas" posições em batalhas e o território de Portugal e de suas colônias – continuou o biólogo. – O que pode explicar como um homem pacífico por natureza, um seguidor de Francisco, cujo lema era "paz e bem", que se tornou uma lenda viva exatamente por sua capacidade de convencer, de usar a palavra, justamente no momento em que se faziam as cruzadas contra os hereges, tenha passado a guia de exército e general vitorioso, sendo representado com dragonas e condecorações e até recebendo soldo. Câmara Cascudo diz que, ao menos até 1814, a imagem de Santo Antônio existente no Convento de Santo Antônio, aqui no Rio... de onde veio a imagem que lhe dei, Antônio – interrompeu Jorgedu – ... usava um chapéu com orla de arminho, espada, cinta dos oficiais do exército e dragonas de oficial superior – continuou José Gaudêncio. – Em momentos militarmente difíceis, todos apelavam para Santo Antônio, como se recorressem a uma arma invencível.

– Como é que se deu isso? – perguntaram quase ao mesmo tempo Antônio e César.

– Esperem que tem mais – continuou Gaudêncio. – Câmara Cascudo nos ensina ainda que, em 1731, o almirante espanhol Mondemar atribuiu ao santo a tomada de Oran, em Marrocos. E que, por causa disso, o rei, muito grato, ordenou que fosse pago ao Convento de Santo Antônio, em Alicante, na Espanha, uma esmola correspondente ao soldo de almirante. No Brasil, Santo Antônio foi capitão de cavalaria em Vila Rica, atual Ouro Preto, e tenente no Recife, recebendo o soldo de 34 mil réis e 400 anuais. Foi capitão na Fortaleza da Barra em Salvador, Bahia, coronel em São Paulo, capitão em Goiás. Foi soldado na Paraíba e no Espírito Santo, além de tenente-coronel no Rio de Janeiro, em 1814. Nesse mesmo ano recebeu das mãos de Dom João, então príncipe regente, a grã--cruz da Ordem de Cristo e o bastão de comando da colônia do Sacramento.

– Incrível, quase não dá para acreditar – comentou César. – E o que é, ou era, a grã-cruz da Ordem de Cristo?

Doutor Gaudêncio parece que já esperava a pergunta.

– Trata-se de uma ordem que vem de longe. A Ordem de Cristo é uma ordem religiosa e militar fundada em 1319, pelo Papa João XXII, a pedido do rei de Portugal Dom Dinis. Recebeu o nome de Ordem de Nosso Senhor Jesus Cristo e herdou as propriedades e privilégios da Ordem do Templo, que tinha sido extinta, em 1314, pelo Papa Clemente V, que era francês, juntamente com o rei Felipe IV, da França, que cobiçava os bens e o poder dos Templários. A Ordem de Cristo formou-se assim como uma reforma da Ordem do Templo em Portugal, e está ativa até hoje , tendo como chefe o papa, atualmente Bento XVI. Durante as grandes navegações, no século XV e XVI, o grão-mestre da ordem, o infante Dom Henrique, investiu bens da ordem na exploração marítima. É a cruz da Ordem de Cristo que estampa as velas das caravelas portuguesas. Em 1834, todas as ordens religiosas foram extintas em Portugal. A maior parte dos bens da Igreja que não serviam ao culto público, isto é, conventos, ermidas etc., foi vendida em leilão. Maria II, rainha de Portugal à época, transformou então a ordem em ordem honorífica. Com a proclamaçao da república em Portugal, em 1910, foi ela extinta, juntamente com as ordens nobiliárias, isto é, relativas à nobreza. Foi, no entanto, reformulada em 1918, destinando-se desde então a premiar portugueses ou estrangeiros que prestem serviços relevantes a Portugal ou à humanidade. A grã-cruz é a mais alta honraria da ordem.

— E foi conferida a Santo Antônio por seus serviços a Portugal e à humanidade. É justo, não acham? — brincou Alessandra.

— E a colônia do Sacramento, o que foi mesmo? — perguntou Antônio

— A colônia do Santíssimo Sacramento foi fundada, em 1680, por Dom Manuel Lobo, governador do Rio de Janeiro, na margem direita do estuário do rio da Prata, em frente à cidade de Buenos Aires.

— No Uruguai... — comentou o menino.

Jorgedu interveio:

— No que seria, a partir de 1828, a República Oriental do Uruguai, quer dizer, a república que fica na margem leste do rio Uruguai, um dos formadores do rio da Prata. Esse território foi ocupado inicialmente por portugueses e posteriormente disputado entre a coroa portuguesa e a espanhola. Depois de ser objeto de vários tratados entre Portugal e Espanha e, após, sobretudo, a independência do Brasil em 1822, tornou-se independente, naturalmente não sem luta.

— Mas, voltando a Santo Antônio, essa tradição que o tem como "procurador" também apresenta uma parte menos engraçada e menos nobre – continuou o doutor Gaudêncio, cortando um assunto que parecia querer se prolongar. – No Brasil, Santo Antônio deveria ajudar também os donos a acharem os escravos fugidos... pois que eram "coisas" perdidas...

– Meu Deus, o que os homens não fazem usando o nome dos santos! – exclamou Alessandra.

– Câmara Cascudo diz ter ouvido, no Rio Grande do Norte, referências a Santo Antônio "amarrador", espécie de "capitão do mato", nome que recebiam os procuradores de escravos fugidos, mas mais poderoso que os outros, porque sobrenatural.

– E a fama de casamenteiro, como se formou? – perguntou Maria.

– Bem – brincou Gaudêncio –, Câmara Cascudo diz que noivo é a "coisa" mais difícil de se encontrar, que é quase um milagre... é ele quem está dizendo, heim! Ou que talvez as moças tenham pensado que se Santo Antônio "amarrava" os escravos fugidos, bem poderia também "amarrar" um namorado pouco decidido... Afirma ele que, de qualquer forma, com certeza houve também a influência da tradição universal e mágica referente aos nós e laços dados em lenços e fitas com o objetivo de "prender" magicamente alguém, cujo nome se pronuncia durante a operação. E cita uma oração da primeira metade do século XIX, bem expressiva da mistura do catolicismo, das crenças afro-brasileiras e da superstição: "Padre Santo Antônio dos cativos, vós que sois um amarrador certo, amarrai, por vosso amor, quem de mim quer fugir; empenhai o vosso hábito e o vosso santo cordão, como algemas fortes e duros grilhões, para que façam impedir os passos de fulano, que de mim quer fugir; e fazei, ó meu bem-aventurado Santo Antônio, que ele case comigo sem demora. Ave-maria e oferece-se ao milagroso santo".[8]

— Que horror, o casamento associado a grilhões, à escravidão! — exclamou César.

— Isso é que é levar ao pé da letra a expressão "laços do matrimônio" — zombou Maria.

— Mas essa fama pode ter-se baseado também na tradição que fixou o apoio que ele dava às mulheres que vinham pedir-lhe conselhos — opinou Alessandra. — Ou talvez tenha também intervindo sua devoção a Nossa Senhora, a confidente das mulheres, que muitas vezes a tinham como madrinha.

— Como eu, que sou afilhada de Nossa Senhora — disse Maria. — No dia de meu batizado, quando o padre perguntou quem era a madrinha,

---

[8] CÂMARA CASCUDO, op. cit., p. 63.

Dinda Tania respondeu: "Nossa Senhora de Fátima". Aí ele perguntou: "E quem é a representante?". E Dinda Tania respondeu: "Sou eu".

— E aí você se tornou ateia — zombou César.

— Você se lembra, Maria? — brincou Alessandra.

— De qualquer maneira, Santo Antônio tem fama de casamenteiro quase infalível — continuou Gaudêncio. — E as moças, por outro lado... digamos que insistem bastante com ele...

— Insistem? — perguntou Maria.

— Você não sabe o que faziam tradicionalmente as moças para pressionar Santo Antônio? — continuou o biólogo. — Elas submetiam sua imagem a todos os suplícios possíveis para forçar a resolução de seu problema. Algumas tiravam de seus braços a imagem do Menino Jesus, prometendo devolvê-la assim que arranjassem marido. Outras tiravam o resplendor do Santo e, sobre sua cabeça, colavam, com cera, uma moeda, virando-o então de cabeça para baixo. Se "o milagre" demorasse, as mais ousadas atavam a imagem com uma corda e a jogavam dentro do poço. Algumas vezes, quando a imagem era de barro, derretia-se no contato prolongado com a água, e desaparecia. Imagino o desespero da moça ao encontrar o laço vazio dentro do poço...

– Provavelmente interpretava que o santo fugira e que ela não se casaria nunca... – concluiu César.

– Ouçam outra oração tradicional citada por Cascudo – retomou Gaudêncio:

> Meu Santo Antônio querido
> Eu vos peço, por quem sois;
> Dai-me o primeiro marido,
> Que o outro arranjo depois.
> Meu Santo Antônio querido
> Meu santo de carne e osso,
> Se tu não me dá marido
> Não tiro você do poço.[9]

– Tudo muito interessante, mas não é meio esquisito não, que se confunda o santo com sua imagem? – perguntou Maria. – Parece uma coisa de adoradores de ídolos...

– Você tem toda a razão, Maria – apoiou Gaudêncio com veemência. – Muito boa observação. Todas essas práticas estão misturadas com um fundo de magia, contra o qual a igreja sempre lutou. Pra começo de conversa, não é o santo – nem Santo Antônio nem nenhum outro – que concede graças. Eles são intermediários de Deus.

---

[9] CÂMARA CASCUDO, op. cit., p. 63.

Intermediários poderosos, mas sempre intermediários. Depois, não se pode, é claro, confundir o santo com sua imagem. Ninguém confunde o retrato de uma avó querida, morta há muito tempo, com a lembrança que se tem dela e muito menos com a pessoa que ela foi. Quantas vezes, às vésperas de se tomar uma decisão, a gente pede a um parente querido, já falecido, que nos ajude, que nos inspire? Essas práticas a que Câmara Cascudo se refere são resquícios de um imaginário pagão, sobre o qual se construiu a cristianização da Europa e da América. Os povos que receberam o cristianismo não eram como um vaso vazio, já tinham suas crenças, seus deuses. O cristianismo teve de incorporar tudo isso. No Brasil, por exemplo, tanto os diferentes povos indígenas quanto os africanos tinham suas crenças, às quais se sobrepôs o cristianismo. Assim, é natural que apareçam, aqui e ali, práticas que as lembrem.

— E é assim que, muitas vezes, Santo Antônio é assimilado ao orixá Ogum, do candomblé brasileiro — acrescentou Jorgedu.

— Eu conheço várias fórmulas, chamadas "simpatias", para "achar" namorado — disse Alessandra relançando o tema amoroso. A primeira: amarre uma rosa vermelha com uma fita. Numa de suas pontas escreva a inicial de seu nome, na outra, desenhe uma pequena cruz. Ponha a rosa ao lado de sua cama, dedicando a Santo Antônio, e encarregue-o de trazer o amor para você. E espere...

— Sentada... — concluiu César, rindo.

— ... até que a rosa fique murcha — continuou Alessandra, sem se impressionar com a provocação. — Quando a flor estiver bem seca, a fita deve ser levada a uma igreja e deixada lá. Esta outra deve ser feita na noite da véspera do dia de Santo Antônio, quer dizer, dia 12 de junho.

— Que é o Dia dos Namorados — informou Jorgedu.

— Compre uma imagem de Santo Antônio, amarre-a com uma fita branca, de cabeça para baixo, dentro de seu armário de roupas, e peça para encontrar um amor no prazo de três meses. Todos os dias, durante esses três meses, reze em frente à imagem — continuou Alessandra.

— E durante esse tempo, não deixe de sair de casa, de ir a umas festas, de olhar em volta, para dar uma ajudinha ao santo, não é? — brincou Jorgedu. — Eu também conheço uma simpatia para saber a inicial do nome da pessoa com quem vai se casar. Era uma brincadeira que se fazia lá em casa, em Campos. Nessa noite do dia 12 para 13 de junho, se cravava um facão de cozinha numa das bananeiras do grande quintal. O líquido que escorria do talho deveria formar a primeira letra do nome do futuro noivo.

— Ou noiva — interveio Maria.

— Na verdade, nunca vi nenhum menino fazendo essa simpatia — disse Jorgedu rindo.

— Conheço outra para sonhar com a pessoa com quem você vai-se casar — continuou Alessandra. — Sempre na noite do dia 12 para 13 de junho, pegue três flores de jasmim e amarre com uma fita branca. Na manhã do dia 13, tire três pétalas de cada flor e ponha sobre um pouco d'água fervida, que você jogará sobre sua cabeça. Dentro de sete dias, você terá um sonho premonitório. Outra ainda, sempre na noite de 12 para 13 de junho: pegue um copo com água e nele ponha umas gotas do perfume que você mais usa. Pegue uma aliança e amarre-a com um fio de seu cabelo ou com uma fita branca. Faça duas perguntas, uma depois da resposta da outra: 1. Qual é a primeira letra do nome da pessoa com quem vou me casar? 2. Quantos anos faltam para eu me casar? Segure a aliança sobre o copo, de maneira que ela possa bater em suas bordas, como um pêndulo. Conte as batidas de acordo com a ordem alfabética para obter a resposta à primeira pergunta.

— Alessandra, você fez tudo isso pra casar com Jorgedu? — perguntou Maria.

— Claro — respondeu o padrinho, abraçando carinhosamente a mulher. — Essa mulher se arranjou com Santo Antônio e, quando vi, estava diante do altar... aí não dava mais para correr...

— Essas simpatias valem pra mulher e pra homem — respondeu Alessandra também rindo. — Vai ver foi ele que se pegou com Santo Antônio. Vocês não veem como ele conhece tão bem a vida do santo? A história deles vem de longe.

7
Afinal, quem foi Santo Antônio?

Todos sorriram ao ver as sobremesas que Das Dores acabava de servir: chuviscos, aquele docinho feito de ovos, doces de casca de laranja em calda e de mamão verde ralado e queijo branco. Especialidades de Campos, trazidas pelo Doutor Gaudêncio, que vinha da cidade onde passara uma semana fazendo conferências.

José Gaudêncio ia uma vez por mês ao Rio de Janeiro, e essa era quase toda a sua vida social. Quando não estava viajando a trabalho ou na universidade, trancava-se em seu apartamento, em São Paulo, e escrevia as observações que se transformariam em trabalhos acadêmicos muito respeitados na comunidade científica. Sua presença era sempre motivo de festa para os amigos. Nessa noite ele estava com um bom humor todo especial. Assim, na hora do cafezinho, enquanto João Firmino fazia funcionar a ampulheta invertida, provocou Jorgedu:

— Muito bem, Maître Georges (em francês, os advogados são chamados de Maître e Doutor

Gaudêncio gostava de cutucar a francofilia do amigo), está tudo muito direito, você contou a história de Santo Antônio direitinho. Mas... em resumo, que é que podemos dizer da personalidade de nosso santo? – disse agitando a medalhinha.

Jorgedu sorriu envaidecido. Era sempre assim, o Doutor Gaudêncio fazia perguntas para dar a palavra a um dos amigos.

– Será que a plateia ainda quer me ouvir falar de Santo Antônio? – perguntou prudentemente. – Depois de quatro dias de trabalhos?

– Queremos sim – disse César. – Para minha surpresa, foi muito interessante.

– Vai, conta mais, Jorgedu – pediram quase ao mesmo tempo Antônio e Maria.

– Bem, se assim é, acho que, em resumo, poderia dizer que Santo Antônio foi, sobretudo, um homem de oração. Desde sua adolescência, em Lisboa, até seus últimos dias nos arredores de Pádua, desenvolveu o recolhimento, a vida interior e a oração. Foi um homem de fala, de discursos inflamados, eruditos e sábios (o que não é a mesma coisa), mas seus períodos de apostolado foram sempre entremeados de fases de recolhimento. Desde menino rezava sozinho na pequena igreja perto de sua casa, mais tarde recolheu-se, por exemplo, na nogueira de Camposampiero. Como se precisasse, por períodos, escapar do movimento do mundo para justamente poder nele melhor intervir. Era um grande orador, mas, fora dos momentos de pregação, foi um homem silencioso. Assim sendo, foi um homem surpreendente. Lembram-se do episódio da ordenação dos novos sacerdotes, em Forli, quando o superior pediu-lhe que fizesse o discurso de saudação?

— E ele surpreendeu a todos — disse Maria.

— Pois é. A partir desse momento, seus Irmãos se sentiram autorizados a pedir-lhe muitas coisas e a dar-lhe incumbências e responsabilidades de toda sorte.

— Ele foi professor de teologia, escritor, superior de convento, superior de região, líder religioso aureolado por fenômenos sobrenaturais... — completou José Gaudêncio.

— Os milagres... — comentou Alessandra.

— Além de ser poliglota, pois falava, além do latim, diversas línguas e dialetos, e era também um confessor atento e caridoso — retomou Jorgedu.

— E um grande orador — interveio César.

— E um grande orador — confirmou Jorgedu. — Antônio utilizou muito bem os dons de luz e fogo dados pelo Espírito Santo. A luz de sua inteligência, de sua pureza, que fazia com que ele enxergasse claro, mesmo nas situações por vezes obscuras: sua clarividência. O fogo de sua fé, de seu amor por Deus e também pelos homens, de sua persistência no caminho que escolhera apesar das dificuldades externas, apesar das tentações, o fogo de sua palavra calorosa, inflamada. Luz e fogo são as palavras que poderiam, de fato, caracterizar uma vida de escolhas e de persistência nessas escolhas.

João Firmino tomou a palavra:

– Além de todas essas qualidades, penso que o traço talvez mais marcante de Santo Antônio tenha sido o extremo abandono de sua vida nas mãos de Deus. É assim, no abandono de sua própria vontade, que ele desenvolve e realiza todos os seus dons. Foi, sobretudo, um homem que, mesmo cuidando das coisas deste mundo – e nós vimos que ele cuidava deste mundo, a tradição não nos deixa esquecer esse traço de sua personalidade – mesmo assim ele não esteve nunca apenas imerso no mundo. Sempre esteve em íntima comunhão com Deus, parecendo a seus contemporâneos habitar sempre uma outra esfera, mesmo quando estava mergulhado nas agruras da nossa.

E aí José Gaudêncio, com sua voz grave, recitou *Na mão de Deus*:

Na mão de Deus, na sua mão direita,
Descansou afinal meu coração.
Do palácio encantado da Ilusão
Desci a passo e passo a escada estreita.

Como as flores mortais, com que se enfeita
A ignorância infantil, despojo vão,
Depus do Ideal e da Paixão
A forma transitória e imperfeita.

Como criança, em lôbrega jornada,
Que a mãe leva ao colo agasalhada
E atravessa, sorrindo vagamente,

Selvas, mares, areias do deserto...
Dorme o teu sono, coração liberto,
Dorme na mão de Deus eternamente![1]

– Lindo poema – comentou Das Dores. – E o amigo sabe dizê-lo muito bem!

– Parabéns, tio Gaudêncio – cumprimentou Maria. – De quem é esse poema?

– De Antero de Quental – respondeu o cientista. – Um poeta que, justamente, começou ateu...

– Por outro lado, não sabia que papai também conhecia a história de Santo Antônio – surpreendeu-se Antônio.

---

[1] Agradeço a Leila Pereira e a Pedro Lyra a versão correta do poema.

– Não se pode deixar de conhecer o santo padroeiro da própria mãe, você não acha? – riu Das Dores.

Jorgedu retomou a palavra:

– Ao longo dos séculos, Santo Antônio continua a propiciar dois tipos de graças. Em primeiro lugar, obedecendo aos desígnios da Providência Divina, ele orienta a religiosidade de muitas pessoas, sustenta sua fé em Deus através das vicissitudes de suas vidas. Por vezes, intervém junto a outras, afastadas de Deus, e promove sua conversão, reaproximando-as dos sacramentos da Reconciliação e da Eucaristia. Para muitos, Santo Antônio, em sua humanidade, constitui o único ponto de relação com Deus e o plano espiritual.

– Mas – replicou Alessandra – ele também apoia os homens, por vezes em momentos desesperadores, devolvendo-lhes a confiança e a esperança em Deus. Como, durante sua vida, foi tão atento às necessidades humanas, sobretudo as ligadas à família, é a ele a quem os homens recorrem em casos de doença, dificuldades conjugais, problemas com os filhos. Santo Antônio continua a ser o mediador entre as necessidades concretas dos homens e Deus.

– Enfim, uma bela história, a de Fernando de Bulhões, não é? – comentou Das Dores. – De fato, como disse Jorgedu, no dia do aniversário de Antônio, uma história de escolhas. Escolha de vida, escolha de destino, escolha até de nome.

– Um homem tem três nomes – concluiu sorrindo Jorgedu. – O primeiro, ele recebe de seus pais; o segundo, ele escolhe; o terceiro, dão-lhe os outros homens. E este é o verdadeiro: Fernando de Bulhões escolheu ser Frei Antônio e tornou-se "O Santo", Santo Antônio.

E mais uma vez, por um momento, um silêncio se fez entre eles.

Parte posterior do túmulo de Santo Antônio,
na Basílica de Santo Antônio,
em Pádua, Itália.

Cronologia

1147 – Conquista de Lisboa por Dom Afonso Henriques.

1180 – Subida ao trono de Felipe Augusto, rei da França.

1181 ou 1182 – Nascimento, em Assis, de João Batista Bernadone (São Francisco).

Morte de Afonso Henriques e subida ao trono de seu filho Sancho I

1187 – Saladino reconquista Jerusalém aos cristãos.

1189-1191 – Terceira cruzada.

1190 – Aparição da bússola no Ocidente.

1195 (15 de agosto?) – Nascimento de Fernando de Bulhões.

1198-1216 – Início do pontificado de Inocêncio III.

1203-1204 – A quarta cruzada conquista Constantinopla.

1206 – Conversão de Francisco. Em Montpellier, na França, São Domingos decide combater os heréticos pelo exemplo e pela palavra.

1206 – São Domingos prega aos albigenses.

1208-1229 – Cruzada contra os albigenses.

1209 – Francisco funda a Ordem dos Irmãos Menores com dois companheiros.

1210 – Fernando entra no convento dos Cônegos Regrantes de Santo Agostinho, de São Vicente de Fora, perto de Lisboa.

Francisco vai a Roma com seus doze primeiros discípulos e obtém do papa a aprovação verbal da primeira regra dos Irmãos Menores, atualmente perdida.

1211 – Fernando transfere-se para a abadia de Santa Cruz de Coimbra, também dos Cônegos Regrantes de Santo Agostinho. É ordenado sacerdote.

Subida ao trono de Portugal de Afonso II, filho de Sancho I. Promulgação pelo rei das primeiras leis gerais da monarquia portuguesa.

Frederico II, rei da Sicília, é proclamado imperador.

1212 – Em Assis, Clara Favarone, depois Santa Clara, entra nas ordens menores. O navio em que Francisco pretende chegar à terra santa naufraga nas costas dálmatas.

1214 – Francisco parte para Marrocos, mas, por estar doente, ainda na Espanha é obrigado a voltar à Itália.

1220 – Fernando entra na ordem franciscana, em Coimbra, e adota o nome de Antônio.

Francisco abandona a direção da ordem.

1221 – Antônio embarca para Marrocos. Por motivo de doença, empreende viagem de volta a Portugal. Uma tempestade leva-o às costas da Sicília. Assiste ao Capítulo Geral em Assis. É designado para Montepaolo.

Morte de São Domingos.

1222 – A 24 de setembro, em Forli, Antônio revela-se aos franciscanos e dominicanos como pregador.

1223 – Em Rímini, Antônio prega aos peixes. Professor de teologia em Bolonha.

Subida ao trono de Portugal de Sancho II, filho de Afonso II.

1224 – Antonio viaja ao sul da França. Recebe carta de Francisco (não comprovado).

Francisco manifesta os estigmas.

1226 – Morte de Francisco, em Assis.

1227 – Em Assis, Antônio participa da eleição do sucessor de Francisco. Torna-se ministro provincial da Itália do norte.

1228 – Canonização de Francisco pelo Papa Gregório IX.

1229 – Em Pádua, Antônio termina a escrita de seus sermões.

Pelo Tratado de Paris encerra-se a cruzada contra os albigenses.

1230 – No Capítulo Geral, Antônio renuncia ao cargo de ministro provincial. Faz parte da delegação franciscana, diante do Papa Gregório IX. Em Pádua, compõe os *Sermões festivos*.

1231 – Antônio prega durante a Quaresma, em Pádua. Em maio, encontra Ezzelino, em Verona. Aceita a hospitalidade do Conde Tiso, em Camposampiero. Morre na Arcella, subúrbio de Pádua, em 13 de junho.

O Papa confia a Inquisição aos dominicanos e depois aos franciscanos.

1232 (30 de maio) – Antônio é canonizado pelo Papa Gregório IX, conquistando seu nome definitivo: Santo Antônio. Sua festa é comemorada no dia 13 de junho. As terças-feiras lhe são dedicadas.

Santo Antônio casamenteiro

Simpatias para casar ou para manter um casamento (tradicionalmente são feitas por moças, mas os tempos mudam... será que funcionarão também se feitas por rapazes?).

1. No dia 12 de junho compre uma imagem de Santo Antônio e ofereça-lhe três rosas vermelhas, três cor-de-rosa e uma branca, todas em botão. Em cada uma passe um pouco de mel. Durante sete dias, a pessoa deverá borrifar a imagem do santo com um pouco de perfume. Se a pessoa for solteira, com seu perfume favorito; se for casada, com o perfume favorito de seu marido (ou de sua mulher). Quando as flores secarem, guarde-as pelo tempo que quiser. Quando for pô-las no lixo, separe-as bem do lixo doméstico.

2. Escreva os nomes dos rapazes que lhe agradam em pedacinhos de papel, um nome em cada pedacinho. Deixe um em branco. Dobre todos e à meia-noite ponha-os num prato com água, que passará a noite ao ar livre. O pedacinho de papel mais aberto indicará o futuro noivo. Não se sabe

o que acontecerá, se o mais aberto for justamente o vazio...

3. Para as que não querem correr risco: à meia-noite do fatídico dia 12 de junho, quebre um ovo dentro de um copo d'água e deixe tudo no sereno. No dia seguinte interprete o desenho que se formou. Se aparecer algo como vestido de noiva, véu ou grinalda, o casamento está próximo. (E será difícil não ver ao menos um desses elementos num copo d'água com uma clara de ovo meio cristalizada...)

4. Para quem quer saber se vai casar com um rapaz mais novo ou com um mais velho (com mais de 30 anos?), arranje um ramo de pimenteira com as pimentas. De olhos fechados, escolha uma das pimentas. Se tiver pegado uma verde, o noivo será jovem; se vermelha, será um homem mais velho. Se você não quer correr riscos, escolha o galho de pimenteira com as pimentas todas da cor que indica sua preferência...

5. Para estimular Santo Antônio a atender seu pedido (ele tem tantos pedidos a atender...), quando for convidado para um casamento, dê de presente aos noivos uma imagem de Santo Antônio. Mas tire-lhe o Menino do colo. Na hora da cerimônia, peça ao santo que a faça casar rapidamente, indicando-lhe o nome da pessoa desejada

ou, se não tem ainda nenhuma preferência, deixando tudo por conta dele. Depois que seu pedido for atendido, volte à igreja e deixe o Menino lá.

6. Para acelerar as coisas com um namorado ou noivo que não se decide, arranque um fio do cabelo dele, amarre-o num fio de seu próprio cabelo e deposite os dois, juntinhos, aos pés da imagem do santo. Santo Antônio se encarregará de resolver a questão. Não se sabe se funciona também para namoradas ou noivas indecisas.

7. Para fazer as pazes entre casais casados, noivos ou namorados, amarre uma rosa e um cravo, pelas hastes, com uma fita verde, na qual você dará treze nós, enquanto imagina Santo Antônio resolvendo a questão e unindo-os novamente.

Santo Antônio, o santo dos objetos perdidos

Simpatia para achar objetos perdidos

Feche bem os olhos e visualize mentalmente o objeto. Reze a Oração a Santo Antônio para encontrar objetos perdidos. Abra os olhos. Torne a fechar e você verá onde está o objeto procurado. Tente até encontrar o que procura. E, sobretudo, guarde sempre suas coisas no mesmo lugar...

Oração para achar objetos perdidos

> Eu vos saúdo, glorioso Santo Antônio,
> Fiel protetor dos que em vós esperam,
> Já que recebestes de Deus o poder especial
> De fazer achar os objetos perdidos,
> Socorrei-me neste momento,
> A fim de que, mediante vosso auxílio,
> Eu encontre ... (dizer o que está procurando).

Alcançai-me sobretudo uma fé viva,
Uma esperança firme,
uma caridade ardente
E uma docilidade aos desejos de Deus.
Que eu não me detenha apenas
nas coisas deste mundo.
Que eu saiba valorizá-las e utilizá-las
Como algo que nos é emprestado.
E que eu lute sobretudo pelas coisas
Que ladrão nenhum pode arrebatar
E que não se perde jamais.
Amém.

Santo Antônio, contra as tentações

Conta a tradição popular que Antônio deu uma oração a uma pobre mulher que procurava ajuda contra as tentações do demônio. Essa oração passou a ser conhecida como "Breve de Santo Antônio".

Sisto V, papa franciscano, mandou esculpi-la, em latim, na base do obelisco que mandou erguer na Praça de São Pedro, em Roma.

Essa breve oração tem o poder de exorcizar. Podemos usá-la, em latim ou em português, para nos ajudar a superar as tentações. Os franciscanos costumam recomendar que o fiel a traga escrita junto ao corpo e, sobretudo, gravada no coração.

Ei-la:

Ecce Crucem Domini!
Fugite partes adversae!
Vicit Leo de tribu Juda,
Radix David! Aleluia!

Tradução:

Eis a cruz do Senhor!
Fugi, oh forças inimigas!
Venceu o Leão de Judá,
Raiz de Davi! Aleluia!

Bibliografia

BANDEIRA, Manuel. *Estrela da vida inteira*. 20. ed. Rio de Janeiro: Nova Fronteira, 1993, p. 268.

BRUNAZZO, Lorenzo. *Antônio di Padova*. Padova: Messaggero di S. Antonio Editrice, 2002.

CÂMARA CASCUDO, Luís. *Dicionário do folclore brasileiro*. Belo Horizonte: Itatiaia, 1984.

HERCULANO, Alexandre. *Eurico, o presbítero*. São Paulo: Difusão Europeia do Livro, 1965.

LA BIBLE DE JÉRUSALEM. Traduction française sous la direction de l'École biblique de Jérusalem. Nouvelle édition revue, corrigée, augmentée. Paris: Desclée de Brouwer, 2000.

LE GOFF, Jacques. *L'apogée de la chrétienté. V. 1180 - V. 1330*. Nancy: Bordas, 1982.

_____. *Les intellectuels au Moyen Âge*. Paris: Édition du Seuil, 1985.

_____. *Saint François d'Assise*. Paris: Gallimard, 1999.

_____. *Un long Moyen Âge*. Paris: Hachette, 2009.

_____. *La civilisation de l'occident médieval*. Paris: Éditions Flamarion, 2008.

_____(org.). *L'Homme médiéval*. Paris: Editions du Seuil, 1989, p. 39.

_____; avec la collaboration de MONREMY, Jean-Maurice de. *À la recherche du Moyen Âge*. Paris: Seuil, 2006.

LEQUENNE, Fernand. *Antoine de Padoue. Sa vie, son secret*. Paris: Éditions du Chalet, 1991.

MESSAGGERO DI S. ANTONIO 2011. Disponível em: <http://www.saintantoine.org/portale/home.asp>.

NUGENT, Madeline Pecora. *Antônio: palavras de fogo, vida de luz*. Trad. do inglês Luís Marcos Sander. São Paulo: Paulinas, 2008.

OLIVEIRA MARQUES, A. H. de. *Breve história de Portugal*. Lisboa: Editorial Presença, 1996.

RAMOS, Graciliano. Histórias de Alexandre. In: *Alexandre e outros heróis*. Rio de Janeiro: Record, 1982

SARAIVA, José Hermano. *História concisa de Portugal*. 18. ed. Portugal: Publicações Europa-América, s/d.

SARAIVA, A. J.; LOPES, O. *História da Literatura Portuguesa*. 16. ed. Porto: Porto Editora Ltda., s/d.

_____. *História da Literatura Portuguesa*. 5. ed. revista e aumentada. Porto/Lisboa: Porto Editora Ltda., s/d.

SUASSUNA, Ariano. *O auto da compadecida*. Rio de Janeiro: Agir, 2005.

VIEIRA, Padre Antônio. *Sermão de Santo Antônio aos peixes*. Porto: Editora Biblioteca Digital, p. 3. Disponível em: <http://web.portoeditora.pt/bdigital/pdf/NTSITE99_SerStoAnt-Peix.pdf>.

Sobre a autora

Eliana Bueno-Ribeiro é doutora em Letras pela Universidade Federal do Rio de Janeiro (UFRJ), tendo completado um estágio de pós-doutorado em Literatura Comparada na Université de Paris III, La Sorbonne Nouvelle. Foi professora da UFRJ e atuou em diversas universidades estrangeiras, tendo sido professora-convidada na Università de Roma La Sapienza, na Université de Rennes II e na Universidade de Toulouse le Mirail. Atualmente, é pesquisadora-associada do Centro de Estudos Afrânio Coutinho, da Universidade Federal do Rio de Janeiro.

Impresso na gráfica da
Pia Sociedade Filhas de São Paulo
Via Raposo Tavares, km 19,145
05577-300 - São Paulo, SP - Brasil - 2012